기독교문서선교회(Christian Literature Center: 약칭 CLC)는 1941년 영국 콜체스터에서 켄 아담스에 의해 시작되었으며 국제 본부는 미국 필라델피아에 있습니다. 국제 CLC는 59개 나라에서 180개의 본부를 두고, 약 650여 명의 선교사들이 이동도서차량 40대를 이용하여 문서 보급에 힘쓰고 있으며 이메일 주문을 통해 130여 국으로 책을 공급하고 있습니다. 한국 CLC는 청교도적 복음주의 신학과 신앙서적을 출판하는 문서선교기관으로서, 한 영혼이라도 구원되길 소망하면서 주님이 오시는 그날까지 최선을 다할 것입니다.

참 보기 드문 아름다운 사람

안선희 기도집

Prayers on Ewha Campus
Written by Ahn, Sunhee
All rights reserved.
Korean Edition Copyright ⓒ 2023 by Christian Literature Center, Seoul, Korea.

참 보기 드문 아름다운 사람

2023년 9월 10일 초판 발행

지 은 이 | 안선희

편　　집 | 추미현
디 자 인 | 서민정
펴 낸 곳 | (사)기독교문서선교회
등　　록 | 제16-25호(1980. 1. 18.)
주　　소 | 서울 동대문구 천호대로71길 39
전　　화 | 02-586-8761~3(본사) 031-942-8761(영업부)
팩　　스 | 02-523-0131(본사) 031-942-8763(영업부)
이 메 일 | clckor@gmail.com
홈페이지 | www.clcbook.com
송금계좌 | 기업은행 073-000308-04-020 (사)기독교문서선교회
일련번호 | 2023-70

ISBN 978-89-341-2593-8 (03230)

이 책의 출판권은 (사)기독교문서선교회가 소유합니다.
신저작권법에 의하여 한국 내에서 보호를 받는 저작물이므로 무단 전재와 무단 복제를 금합니다.

참
보기 드문
아름다운 사람

안선희 기도집

CLC

저자 소개

안선희는 이화여자대학교 기독교학과와 독일 프랑크푸르트대학교 개신교 신학부에서 공부했으며, 세부전공은 예배학이다. 현재 이화여자대학교 기독교학부 교수, 교목으로 일하고 있다. 평신도를 위한 예배 지침서 『예배 돋보기』와 『예배 이론·예배 실천』의 저자이다.

재발간사.

 올해로 이십 년째 교목으로 일하고 있다. 기도집을 발간한 지는 십 년이 지났다. 기도집이 서점의 서가에서 잠자는 줄로만 알고 오랜 시간을 보내던 중 책의 재고는 바닥을 드러냈고, 마침 갑작스럽게 기도집에 대한 요구가 빈번해 지기 시작했다.
 재발간을 마음먹기까지 주저하기는 했으나 혹시 이 기도집이 타성에 젖은 신앙인에게 새로운 언어로 기도할 수 있는 계기를 제공할 수 있었으면 그리고 기독교에 귀의하지 않았으나 기도하고 싶은 사람에게 이 기도집이 길잡이가 될 수 있었으면 하는 기대로 재발간을 타진했다. 툭 던졌는데, 턱 받아주신 기독교문서선교회(CLC)의 후의에 감사드린다.
 발간 후 십 년이 지나 쑥스러운 마음으로 기도집을 다시 읽어 보니 젊은 교목의 열정과 신선함이 느껴졌다. 지금은 흉내 낼 수 없는 그때의 마음이고 언어다. 시간이 흐른 지금, 나이가 들고, 경험이 쌓여, 그때와는 다른 맛이 기도에서 우러나는 성숙한 교목이 되었다고 스스로 위로할 수 있을지 확신이 서지 않는다. 오히려 그때의 순수한 기도가 지금의 나를 부끄럽게 만든다.
 이 기도를 함께 드렸던 학생들은 그사이 학교를 졸업했다. 대부분이 취업했지만 어렵게 취업했다가 다시 학교로 돌아오기도 하고, 교수가 되기도 하고, 창업에 성공한 선배로서 강사가 되어 채플에 오기도 했다. 그리고 어떤 학생들은 늦은 유학길에 오르기도 하고 탁월한 능력에도 투잡, 쓰리잡을 뛰며 계약직을 전전하기도 했다. 또 한편으로는 가정을 꾸리기도 하고, 가정을 해체하기도 하면서 다양한 모습으로 주어진 삶을 견뎌내며 나이 들어가고 있다. 그 시절의 암중모색과는 다르지만, 여전히 삶은 어렵고, 고단한 것 같다. 시간의 무게가 더해지는 인생의 난해함은 늘 우리에게 숙제인 것 같다.

삶의 여정에는 오르막길이 있고 내리막길도 있으며, 지름길도 있고 에움길도 있다. 눈앞에 펼쳐진 탄탄대로도 있지만 뒤안길도 있다. 우리는 그 길 어딘가를 걷고 있다. 삶의 언덕은 언제나 있다. 문제는 넘어야 할 언덕의 존재 자체가 아니라 그 언덕을 넘는 방식일 것이다.

기도의 언어를 잃지 않는 것, 이것이 우리네 방식이었으면 좋겠다. 이를 위해 나는 계속 캠퍼스 사역 가운데 기도할 것이다. 희망할 용기가 걱정의 무게보다 더 크게 해 주시기를 기도하고 싶다. 위로의 하나님이 손잡아 주셔서 우리네 인생에 내려앉은 좌절의 먼지를 훌훌 털고 일어나게 해 주시기를 간절히 기도하고 싶다.

불확실한 미래 때문에 울적하고, 아무리 노력해도 도달할 수 없을 것 같은 삶의 수준 때문에 화가 나고, 때로 절망스러울 때도, 모든 것이 불확실한 미정의 시간을 버텨 견뎌낼 힘을 주시기를 기도하고 싶다. 하늘이 끌어당기는 힘에 의지해서 땅으로 꺼질 듯한 무력감을 떨쳐 내고 하나님이 사랑하는 나를, 나 또한 사랑하며 신뢰하게 해 주시기를 기도하고 싶다.
    이 기도집을 실마리 삼아 독자도 함께 기도할 수 있다면 더없이 기쁘겠다.

2023년 6월
안선희

머리말.

기독교에 대한 비난이 도를 더해간다. 결정적 이유 가운데 하나는 기독교가 외부 사회와 소통하지 못하기 때문이리라. 한 예로 수업 시간에 만난 학생으로부터 '국어방언학' 분야에서 현장 조사를 할 때, 조사 대상에서 기독교인은 제외된다는 말을 들은 적이 있다. 기독교인이 국어를 사용함에도 교회 안에서만 통용되는 언어들이 많기 때문이란다. 교회의 언어가 얼마나 자신들만의 언어로 고착되었는지를 방증하는 사례이다.

교회적 용어를 사용하는 일이 교회 구성원들 사이에서는 전혀 문제가 안 된다. 오히려 자신들의 공동체적 정체성을 강화할 수 있다. 하지만 이런 현상은 외부 사회와 불통을 초래하기도 한다.

기독교 대학에서 교목으로 일한 지 9년이 되었다. 교목에게 부여된 가장 큰 일은 캠퍼스 채플의 운영이다. 그러나 기독교 대학에서의 채플은 기독교인들끼리만의 종교적 커뮤니케이션을 허용하지 않는다. 채플 참석자의 3분의 2가 기독교인이 아니기 때문이다. 저들 가운데는 기독교를 극도로 혐오하는 안티크리스천도 적지 않다.

기독교 대학에서는 입학한 모든 학생이 의무적으로 채플에 참여해야 한다. 냉정히 생각하면, 지금처럼 비(非)종교화된 세상에서 비(非)기독교인 학생이 기독교인 학생들과 더불어, 의무적으로 참여하는 채플을 통해 특별한 의미를 경험하도록 이끈다는 것은 애당초 무리한 시도일 수 있다.

이런 어려운 정황에서도 교목은 학생들이 초월적 가치와 본질적 의미를 조금이나마 공유할 수 있도록 기지를 발휘해야만 한다. 이러한 과제를 제대로 수행하려면 무엇보다도 학생들의 마음 상태를 읽어낼 수 있어야 한다. 해서 필자를 필요로 하는 학생이면 누구도 마다하지 않고 그들과 자리를 함께해 왔다.

그런데 이런저런 자리에서 만난 청춘들의 고민은 생각보다 깊었다. 불확실한 미래와 밑도 끝도 없는 경쟁, 가족의 문제, 남과 비교하며 갖게 된 열등의식, 결정과 선택의 기로에서 생겨나는 불안감 등, 학생들은 눈부신 겉모습과는 달리 가슴속에 칭얼대는 갓난아이를 품고 사는 고달픈 인생이었다.

학생들이 학점 이수 때문에 마지못해 들어온 채플이라 하더라도 교목인 필자는 저들이 의미 있는 순간을 맛볼 수 있기를 바랐다. 목사인 나의 입을 빌어 절대자에게 저들의 간절한 소원을 함께 빌었다. 인생 선배로서 마음을 다해 저들의 앞날에 복을 빌었다.

무엇보다 젊은이와 소통하고 싶었다. 전통적으로 내려오는 기독교적 말놀이로부터 자유로우면서도 기독교 복음의 가치를 고려할 뿐만 아니라 나아가 이해할 수 있고 수용할 수 있는 언어로 기도하고 싶었다. 그래야만 이천 명이 넘는 학생이 모인 대강당의 이층 맨 구석 자리 뒤틀린 자세로 앉아 있던 어느 비(非)기독인 학생의 마음에도 필자의 기도 어느 한 자락이 내려앉을 수 있을 것으로 생각했다.

　가끔 기독교인은 아니지만 내 기도문을 갖고 싶다고 연락해 왔던 학생들이 이 기도문의 간행을 부추겼다. 그리고 여러 사람이 함께 나누어 읽으며 기도할 수 있기를 바라는 마음과 나아가 이 시대 젊은이들이 교회적 언어에 갇히지 않은 채 기도할 수 있으면 참 좋겠다는 생각도 용기를 북돋아 주었다. 젊은 세대를 위한 예배를 준비하는 이들에게도 도움이 되었으면 하는 바람도 작용했다.

　기도집의 1부는 사시사철 캠퍼스 채플에서 드려진 기도를 묶었다. 2부는 절기나 특별한 행사 때마다 캠퍼스에서 드렸던 기도를 엮었다. 기독교적 의례가 낯설게 느껴지는 학술대회와 기념식, 수료식 심지어 동창회 자리에서 드렸던 기도까지 캠퍼스의 혼과 정신을 담은 기도들을 다 모아 보았다.

　늘 반복되는 진부한 언어는 인식의 지평을 확장하지 못한다. 신앙의 지평도 마찬가지다. 새로운 언어로 기도하면서, 우리의 신앙 지평을 확장하는 일에, 이 기도집이 작은 보탬이 될 수 있으면 좋겠다. 오늘의 시대가 지평의 확장을 요구한다.

2013년 1월
안선희

순서.

제1부 일상 속에 고요히

봄
17

여름
61

가을
81

겨울
123

제2부 때를 따라 적절히

절기
149

기념
167

잔치
185

始終
205

제1부

**일상 속에
고요히**

봄.

봄/ 하나.

사랑과 은총이 가득하신 하나님,

젊은이들이 함께 모여
하나님 앞에
머리를 숙일 수 있어서 참 감사합니다.

이곳에서 바삐 가던 걸음을 멈추고
자신을 되돌아보게 하시고,
앞날을 꿈꾸게 하옵소서.

저희에게 봄날을 허락하시고,
이곳 캠퍼스에서
인생의 봄날을 맞이할 수 있도록
인도해 주셔서 또한 감사합니다.

이 봄날에,
자신이 진정 원하는 일이 무엇인지
진지하게 고민하게 하옵소서.
때로 젊은이의 봄날을 시샘하는 추위가 몰려와도
쉬이 주눅 들지 않게 하시고,
끝까지 좌절하지 않게 하옵소서.

시샘하는 추위를 이겨내야만
아름다운 꽃을 피울 수 있다는 자연의 이치를 깨닫고,
아름다운 봄날에,
우리를 힘들게 하는 일들을 잘 견뎌내게 하옵소서.

어떻게 살아야 할까,
무엇을 하며 살아야 할까,
궁리하고 고민하는 우리 젊은이에게
오늘 보내 주신 선배와의 대화가[*]
어리둥절한 우리네 인생길에
밝은 빛이 되게 하옵소서.
나아가 고귀한 인생으로부터
많이 배우고
깊이 깨닫게 하옵소서.

예수님 이름으로 기도드립니다. 아멘.

---

[*] 이 기도는 토크쇼 형식으로 진행되는 채플에서 드려진 기도다. '대화채플'이라고 불리며, 학생 사회자가 진행한다. 이 채플에는 동문 선배, 크리스천 명사, 특이한 이력의 목사가 이야기 손님으로 초대된다.

봄/ 둘.

사랑이신 하나님,

이 동산에서
사월을 맞이하게 해 주셔서 참 감사합니다.
지난 겨울,
지루한 추위와 씨름하느라,
얼어버린 대지에서 새싹이 다시 돋기를
미처 희망하지 못했습니다.

하루가 다르게
파릇파릇 새싹이 돋아나는 이 동산에서
생명의 강인함을 깨닫게 해 주셔서 또한 참고맙습니다.
우리 젊은이들로
강인한 생명력을 갖게 하시고,
삶을 향한 꺾이지 않는 의지를 지니게 하옵소서.

고난주간을 살아가는 우리 젊은이가
죄 없는 한 존재의 희생이
죄 있는 여러 사람을 살려 낸
그 특별한 사랑의 이야기로부터
나 자신을 돌아보게 하옵소서.

저마다
자신만을 생각하며 오늘을 사는 우리
더 많이 누리지 못해 불만 가득한 우리
이 시간엔
좀 부끄러워할 줄 아는 양심으로 참회하게 하옵소서.

우리 젊은이들
같은 별에 사는 동시대 이웃의 굶주림을
예민한 눈으로 바라보게 하시고,
아이들의 고통스런 아우성에
귀 기울이게 하옵소서.
나아가 동료 인간에 대한 책임에 민감하게 하옵소서.

우리 젊은이들
세상의 그 어떤 사람들보다
이웃사랑에 헤프게 하시고,
나눔을 위해 낭비하는
참 보기 드문 아름다운 사람이 되게 하옵소서.

예수님 이름으로 기도드립니다. 아멘

봄/ 셋.

사랑의 하나님,

대강당 앞 성문 길 계단을 숨 가쁘게 올라와
여기 채플 안
내 자리에 앉습니다.
이 시간,
분주한 일상을 뒤로 하고
당신만을 생각하며 바라보기를 원합니다.
저희의 번잡한 마음을 비워 주시고
당신의 영으로 채워 주옵소서.

지리한 겨울 지내고 새봄을 맞습니다.
이 시간,
그간에 쌓인 아픔과 슬픔,
고뇌와 방황의 눅눅한 잔재를
당신 앞에 내어놓습니다.

저희에게
따스한 봄볕으로 오셔서 위로해 주시고,
단비로 오셔서 새로운 소망과 기쁨을 부어주옵소서.

오늘 귀한 손님을 보내 주시니 감사드립니다.
보내 주신 선생님과의 대화를 통해
여기 모인 젊은이들,
세상을 바라보는 보다 넓은 눈을 갖게 하시고,
세상을 아름답게 가꾸겠다는 포부와 용기도 얻게 하옵소서.
각자에게 부여된 인생을
의미 있고 기쁘게 살아갈 수 있는
삶의 지혜 또한 깨우치게 하옵소서.

예수님 이름으로 기도드립니다. 아멘.

봄/ 넷.

사랑과 은총이 가득하신 하나님,

4월을 살아가는 우리 젊은이를 축복하옵소서.
따사로운 봄 햇살 맞으며
마음 따뜻한 사람 되게 하시고,
쌀쌀한 봄바람 맞으며
냉철한 이성으로
스스로를 성찰하는 사람 되게 하옵소서.

언 땅 뚫고 돋아난 새싹처럼
겉으론 약해 보여도
강인함 지닌 사람 되게 하시되,
물오른 새 가지처럼
유연하게 구부러질 줄도 알게 하옵소서.

어디에서나 쉽게 피어난
개나리 진달래처럼
편안하고 무난한 사람 되게 하시되,
고매한 이상 져버리지 않는
보기 드문 사람
또한 되게 하옵소서.

늦게 꽃피우는 나무가
많은 열매 맺는
자연의 가르침을 되새기어,
다른 이보다 조금 천천히 가는 걸음에
초조해하지 않게 하옵소서.

천천히, 그러나 꾸준히
자신의 가는 길
생각하고 준비하게 하옵소서.

가야 할 먼 길 바라보다
미리 지치지 않게 하시고,
그저 발밑을 내려다보며
지금, 여기에서,
충실한 발걸음을 옮기게 하옵소서.

오늘 여윈 손을 내미는 이웃에게
인색하지 않도록
넉넉한 마음 또한 허락하옵소서.
세상의 절망과 씨름하며
희망을 강변하게 하옵소서.

예수님 이름으로 기도드립니다. 아멘

봄/ 다섯.

사랑의 하나님,
저희를 대강당에 불러 주셔서 감사합니다.

우리 선배가
이곳에서 잠시 가던 길을 멈추고
자신과 주변을 돌아보는 시간을 맛보았듯이
저희도 이곳에서 거룩한 순간을 경험하게 하옵소서.

십자가 고난을 당하신 예수님을 기억하는 고난주간입니다.
타인을 위한 삶을 살다가
수난을 당하신 예수님을 기억하게 하시고,
그분을 본받아
힘겹게 살아가는 이웃을
따뜻한 마음과 정성 어린 물질로 도우면서,
어둔 세상 밝히는 어질고 착한 젊은이들 되게 하옵소서.

이 가운데 있을지 모르는
마음이 아픈 젊은이,
그리고 몸이 아픈 젊은이를,
하나님께서 특별한 은혜로 위로해 주시고
곧 나음을 얻게 하옵소서.

자신에게 고난이 닥쳐왔다고 생각하는 젊은이에게
예수님의 고난 후에야 부활의 영광이 있었음을
기억하게 하시고,
고통 후에야 기쁨의 때가 온다는 희망으로
힘겨운 오늘을 견뎌내게 하시며,
소망의 내일을 맞이하게 하옵소서.

예수님 이름으로 기도드립니다. 아멘.

봄/ 여섯.

사랑과 은총이 가득하신 하나님,

오늘도 젊은이들이
이곳에 모이게 하신 것,
참 감사합니다.

한곳에 모여
찬송 부르며 말씀 들을 때
저희가 같은 시대를 사는 젊은이임을 느끼게 하옵소서.

좋은 학교에서 공부할 수 있는 특권을 주신 주님,
저희에게 받은바 은혜에 감사할 줄 아는 겸손함을 주옵소서.

저희가 이 캠퍼스에 머무는 동안
좋은 스승님들 만나게 하시고,
그분들과의 인격적인 교류를 통하여
저희의 인생이 더욱 기름지게 하옵소서.

또한 선생님의 가르침을
사랑과 은혜로 받아들이는
참제자의 길을 가게 하옵소서.

이 시간 저희의 도움을 기다리는 이웃들을 위하여
저희 가진 물질을 봉헌합니다.
이웃을 네 몸과 같이 사랑하라고 명령하신 예수님의 말씀대로
저희에게 주신 것으로 이웃사랑을 실천하려고 합니다.

저희의 손길이 인색하지 않게 하시고,
주저하는 마음으로 손이 곱아들지 않게 하시며,
오히려 너그러움과 넉넉한 마음을 허락해 주옵소서.

저희 봉헌을 기쁘게 받아주시고
도움이 필요한 이들에게 이 물질이 전달될 때
물질과 함께 잔잔한 기쁨과 위로도 전해지게 하옵소서.

이 시간 주시는 말씀을 통하여
저희로 새로운 깨달음을 얻게 하시고
그 깨달음이 결단으로 이어지게 하옵소서.

예수님 이름으로 기도드립니다. 아멘.

봄/ 일곱.

사랑과 은총이 가득하신 하나님,

오늘도 귀한 하루를 허락해 주셔서 감사합니다.
그날이 그날 같은
지루하게 반복되는 일상이지만,
그래도 오늘 하루 흘러가면
다시는 마주 대할 수 없는 과거의 시간이 된다는 사실을
깨닫게 하셔서,
오늘을 소중히 여기며 살아가게 하옵소서.

대강당에서
함께 머리 숙였지만,
이름도 모르는 많은 친구를
마음으로 기억하게 하옵소서.

익명의 존재들이지만,
누군가의 사랑하는 딸이며,
누군가의 언니이며,
누군가의 동생으로,
또한 나와 같은 공간에서 살아가는 동학으로
함께 살아가는 이들임을 기억하게 하옵소서.

그들도
힘들고 괴로운 일을 겪고 있으며,
가끔은 절망에 허덕이기도 하는
나와 똑같은 사람임을 기억하게 하옵소서.

하여 그들을 존중하게 하시고,
친절하게 대하며
진심으로 배려하게 하옵소서.

지구 저편 나와 다른 공간에서 살아가고 있는,
그러나 나와 동시대를 사는 사람들도 기억하게 하옵소서.
장소와 시간을, 그리고 부모를,
내가 정해서 태어날 수 있는 것도 아닌데,
그리고 나라와 민족을 선택해서 이 세상에 오는 것도 아닌데,
벗어날 길 없는 가난과 궁핍을 대물림하며
하필 거기에 태어난 불쌍한 어린아이들을 기억하게 하옵소서.

그들도 우리와 똑같이 존엄한 존재임을 상기하게 하시고,
절망으로 허덕이는 그 아이들의 여윈 손을
진실한 마음으로 꼭 잡아주게 하옵소서.

이 캠퍼스에서 함께 공부하는 우리가
따뜻하고 정다운 가슴으로
도움이 필요한 이 세상 아이들의 어깨를 감싸 안게 하옵소서.

가난한 어린아이들의
인간답게 살 권리를
마땅히 지켜주게 하옵소서.
그리하여
동시대와 역사 앞에
부끄럽지 않은 젊은이들이 되게 하옵소서.

예수님 이름으로 기도드립니다. 아멘.

봄/ 여덟.

사랑의 하나님,
젊은이들이 다시 한곳에 모였습니다.

이 시간이
모두에게
의미 있는 삶의 순간이 되기를 간절히 바랍니다.

여기 채플에서 말씀 들으면서
인생의 깊이를 깨닫게 하시고,
준비된 공연을 함께 보면서
삶의 아름다움을 느끼게 하옵소서.

이 시간 특별히
예상하지 못했던 큰 사고를 당하여
고통 중에 신음하는 북한 용천의 주민들을 위하여 기도드립니다.[*]

---

[*] 2004년 4월 22일 북한 용천역 폭발사고

고통 중에 있는 사람들과 함께하시는 주님,
당신의 사랑의 손길로
고난 중에 있는 북녘 동포들을 위로해 주시고,
남녘 사람들의 마음을 움직이셔서
저들에게 꼭 필요한 도움들이
조건 없이, 그리고 부족함 없이
신속하게 전달되도록 도와주옵소서.

우리 또한
이웃의 고통에 눈과 귀를 기울일 줄 아는
따뜻하고 선한 젊은이가 되게 해 주옵소서.

오늘 무용을 통하여 전달되는 메시지를 마음에 담아[**]
이 자리에 참석한 젊은이 모두가
고통과 눈물이 있는 곳에
기쁨을 전하는 희망의 씨앗이 되게 해 주옵소서.

[**] 한 학기에 한 번씩 무용으로 드리는 채플이 있다. 이 채플은 성경 이야기와 기독교적 메시지를 담은 창작무용으로 무용과 교수의 안무와 지도, 무용과 학생들의 공연으로 구성된다.

공연하는 학생들과 지도하시는 선생님 모두와 함께하시어,
오늘의 공연을 잘 마칠 수 있도록
끝까지 인도해 주옵소서.

날마다
하나님의 세심한 인도 따라 살아가며,
오늘 하루도
하나님의 거룩한 손길을 느낄 수 있기를 간절히 원하오며,

예수님 이름으로 기도드립니다. 아멘.

봄/ 아홉.

사랑과 은총이 가득하신 하나님,
좋은 계절을 저희에게 주시니 감사합니다.

찬란한 햇빛으로 오셔서
저희를 환하게 웃게 하시고,
교정의 푸른 나무 이파리로 오셔서
저희를 활기 있게 하시며,
마침내 저희 안에
삶의 의욕 넘쳐나게 하옵소서.

좋은 때,
이 아름다운 곳에서
감사한 마음으로 열심히 공부하고,
고단한 인생길에
생각과 마음 나눌 수 있는
보배로운 친구도 만나게 하옵소서.

예수님 이름으로 기도드립니다. 아멘.

봄/ 열.

사랑의 하나님,

중간고사를 마치고 돌아온 우리 젊은이를
위로해 주옵소서.

어느 해보다 춥고 매서운 봄날을 보내고 있습니다.
차디찬 바다에 잠긴 젊음들*이 안타까워
가슴 저릿저릿 아픈 봄날을 보내고 있습니다.

세상사 절반이 슬픔이라지만,
꽃비 내리는 찬란한 봄날을 만끽하고 싶습니다.
눅눅하고 쓰라린 마음에 따뜻한 봄볕으로 오셔서
우리 젊은이를 맑고 환하게 하옵소서.

피어나는 꽃들과 초록 나무들을 바라보며
비록 오늘 우리의 삶이
미끄러운 빙판길을 걷는 듯 자꾸만 미끄러지더라도
우리의 마음속에서 삶에 대한 의지
새롭게 솟아나게 하시고,
순간의 절망에 속지 않게 하옵소서.

---

* 2010년 봄 천안함 사건의 희생자들을 기억하며

다시 시작하고
다시 일어날 수 있는
용기와 힘을 허락하옵소서.
꿈꾸고 희망하는 일을
멈추지 않게 하옵소서.

예수님 이름으로 기도드립니다. 아멘

봄/ 열하나.

사랑과 은총이 가득하신 하나님,

5월의 첫 월요일에
젊은이들 함께 모여 머리를 숙였습니다.
어제를 되돌아보고,
오늘을 다짐하며,
앞날을 꿈꿀 수 있는 소중한 시간을 주셔서 감사합니다.

5월에는 어린아이를 생각하게 하옵소서.
저희 자신이 어린아이였을 때를 기억하게 하셔서,
순수하고 천진난만했던
저희의 마음과 생각과 행동을 되돌아보며
아이처럼 웃음 짓게 하옵소서.

그 후로 짧지 않은 세월을 지내오면서
성숙한 인간으로 자라났는지 되돌아보게 하시고,
아이 적의 열린 마음과
파란 꿈을 꾸던 좋은 버릇을 잃어버린 것은 아닌지
꼼꼼히 돌아보게 하옵소서.
또한 고통 중에 있는 어린이들에게
마음과 눈을 돌리게 하옵소서.

"어린이는 인간으로서 존중해야 하며
사회의 한 사람으로서 올바로 키워야 한다.
어린이는 어떠한 경우에서라도
악용의 대상이 되어서는 안 된다.
굶주린 어린이는 먹여야 한다.
병든 어린이는 치료해 주어야 하고,
신체와 정신에 결함이 있는 어린이는 도와주어야 한다."고
어린이 헌장은 강변하고 있지만,
기댈 곳도 없이,
위험에 내몰린 채,
최소한의 권리조차 누리지 못하는 아이들이
우리 주변에 너무나 많습니다.
하나님께서 친히
그 아이들을 시고,
저희 젊은이로 하여금
버려진 그 아이들을 기억하며,
그들을 위한 간절한 기도 한 자락 바칠 수 있는
따뜻하고 너른 마음 갖게 하옵소서.
그 아이들을 안을 수 있는
넉넉한 품을 우리에게 허락해 주옵소서.

예수님 이름으로 기도드립니다. 아멘.

봄/ 열둘.

사랑의 하나님,

오늘도 가파른 언덕을 오르듯
가쁜 숨을 몰아쉬며 살아가는 저희에게
시간을 내어
하나님 앞에 머리 숙일 수 있게 해 주셔서 감사합니다.

행사도 많고 과제도 많은 5월,
거기에 볼거리도 많고
만날 사람도 유난히 많은 5월이지만,
5월이 가기 전에
어릴 적의 나 자신을 기억하게 하옵소서.

몸과 마음이 성숙하고
지혜와 생각이 깊어져도
어릴 적 순수했던 마음
늘 간직하며 살아가도록
오늘 저희를 인도해 주옵소서.

낳아서 길러주신 부모님과
우리를 돌보는 손길들에 늘 감사하게 하시고,
저희 자신이
다른 사람의 도움 없이는 살아가기 힘든
나약한 존재임을 다시 한번 깨달아
겸허한 마음으로 세상을 살아가게 하옵소서.

우리 학생이,
젊은이답게 패기 있게 하시고,
배우고 익히는 일에 최선을 다해 집중하게 하옵소서.
깨닫고 배우는 일로
삶에 생기와 탄력을 얻게 하시고,
자신의 일에 늘 흥미진진하여
우리의 영혼이 주름지지 않게 하옵소서.

젊음이 있어 모든 것을 다 가진 우리 학생이,
더 많은 것을 소유하지 못해 애달파 하지 않게 하시고,
이미 존재 자체로 빛나는 젊은이들,
다른 무엇이 되기 위해
지금의 자신을 저버리지 않게 하옵소서.
지금 여기에 감사하며
충실한 젊음이 되게 하옵소서.

예수님 이름으로 기도드립니다. 아멘.

봄/ 열셋.

사랑과 은총이 가득하신 하나님,

오늘도 이 자리로 저희를 초대해 주셔서 감사드립니다.
무심코 하루를 맞이하고
분주한 마음으로 하루를 시작하지만
저희가 숨 쉬고, 먹고 마시며, 살아간다는 것은
그 자체로 참 놀라운 일임을 고백합니다.

생명을 주관하시는 하나님,
우리의 젊은 이 순간순간을
하나님의 초대에 감사함으로 응답하여
자신에게 주어진 삶에 경의를 표하게 하시고,
맡겨진 삶에 최선을 다해
치열하게 살아가게 하옵소서.

한 번 사는 것,
참 괜찮은 인간으로 살게 하시고,
뜨거운 열정 가지고
신실하게 살아가게 하옵소서.

어버이날입니다.
어느 시인의 고백처럼,
어머니의 고통 속에 생명을 받아
이만큼 자라온 날들을 깊이 감사할 줄 모르는
저희의 무례함을 용서받고 싶습니다.[*]
하여 저희 존재의 뿌리가
이 땅의 어머니와 하나님께 닿아있음을
다시금 고백하고 싶습니다.

한 해씩 더 세상을 알아가면서
더욱 겸허해지게 하시고,
아비지는 영웅이 될 수도 있지만,
또한 가장 외로운 사람이라는
생의 현실도 바로 보게 하옵소서.
마음을 헤아릴 줄 아는 저희가 되게 하셔서
아버지의 눈에는 눈물이 보이지 않으나
아버지가 마시는 술에는 항상 보이지 않는 눈물이 절반[**]이라는
삶의 비의 또한 깨닫게 하옵소서.

---

[*] 김현승의 시, <어머니께 드리는 노래>에서 인용하였다.
[**] 김현승의 시, <아버지>에서 인용하였다.

사랑이신 하나님,
우리 젊은이가
자신의 부모를
한 인간으로 깊이 이해하게 하시고
내리사랑에 버금가는
치사랑으로 보답할 수 있는 마음 품게 하옵소서.

예수님 이름으로 기도드립니다. 아멘.

봄/ 열넷.

사랑이신 하나님,

기억할 것이 많은 오월을 사는
이 땅의 젊은이들을 축복하옵소서.

저희 곁에 사랑할 사람들을 보내 주셔서 참 감사합니다.
또한 저희에게 그들을 미워할 자유도 주셔서 감사합니다.

그러나 사랑도 미움도,
그 사람에 대한 관심임을
깨달을 수 있는 여유를 허락해 주옵소서.

지나친 집착이 빚어내는 애증을
이 시간 벗어버리고 싶습니다.

마음껏 사랑하게 하시되
소유하려 하지 않게 하시고,
후회 없이 사랑하게 하시되
미련 갖지 않게 하옵소서.

학문 동산에서 살아가는 동안
일생을 두고 따를 한 분의 선생님을 만나게 하옵소서.
말로 다 할 수 없는 지지와 사랑을 받으며,
때로 엄정한 꾸중을 듣게 되어도
참사랑이라 느낄 수 있는 그런 스승,
단 한 분만을 허락하옵소서.

삶의 긴 여정 속에 있는 젊은이들,
자기 자신 초라하게 느껴지고,
영혼이 피폐해짐을 느낄 때,
때로 자기혐오에 몸서리쳐질 때,
깊은 곳에서 터져 나오는 울음을 목 놓아 울게 하시고,
이 모든 것에도 불구하고
끝내 나를 놓지 않으시는
하나님의 세미한 음성을 듣게 하옵소서.

하늘이 나를 끌어올리는 힘에 기대어
오늘도 곧은 어깨로 살아가게 하옵소서.

예수님 이름으로 기도드립니다. 아멘.

봄/ 열다섯.

사랑의 하나님,

오늘도 젊은이들이 한곳에 모이게 하시니 참 감사합니다.
두세 사람이 모인 곳에 함께하신다고 약속하신 주님,
이곳 캠퍼스에 저희와 함께하여 주옵소서.

이 시간이
모두에게 의미 있는 순간이 되기를 간절히 바랍니다.
여기 대강당 채플에서
말씀 들으면서 깊이 깨닫게 하시고,
찬송과 노래 듣고 부르면서
나의 영혼을 정화하고
우리 마음을 열게 하옵소서.

대학에서 공부할 수 있게 섭리하신 주님,
저희가 누리는 특권을 다른 이들과 나눌 수 있는
너그러움과 넉넉함도 허락해 주옵소서.

대학에서 시간을 보내면서
앞으로 살아 나갈 세상을 향해
큰마음 품을 수 있게 하시고,
또한 세상을 변화시킬
힘과 용기도 얻게 하옵소서.

날마다 하나님의 세심한 인도 따라 살아가며,
오늘 하루도
하나님의 거룩한 손길을 느낄 수 있기를
간절히 원하오며,

예수님 이름으로 기도드립니다. 아멘.

봄/ 열여섯.

사랑과 은총이 가득하신 하나님

이 시간이
가던 길 멈추어 서서,
정신없이 살아온 나 자신을 되돌아보는
보람 있는 시간이 되게 하옵소서.

때로 저희가,
무엇을 하며 살아가야 할지,
혼란스러울 때가 많이 있습니다.
그래서 무엇을 준비해야 할지
막막할 때도 많이 있습니다.
아무것도 할 수 없을 것 같은
절망감이 느껴질 때도 있습니다.

하나님께서 따스한 숨결로 오셔서
미래에 대한 막연한 두려움 때문에
주눅 들고 움츠러든 저희의 어깨를
어루만져 주시고,
저희의 마음을 환하게 밝혀주옵소서.

오늘 보내 주신 선배와 이야기 나눌 때,
진실한 마음을 주고받게 하시고,
그 선배의 모범을 따라
우리 자신의 미래를 꿈꾸며,
잘 준비하게 하옵소서.

우리 젊은이에게,
두려움 없이 용기 있게,
미래를 향하여 나아가게 하시되,
현재의 삶도 보다 충실히 살아내게 하옵소서.

자신 안에 이미 지니고 있는
무한한 가능성을 신뢰하게 하시되
오만하지 않게 하시고,
묵묵히 우직하게 자신의 길을 가게 하옵소서.

우리 젊은이에게,
함께 가자 내미는
선배의 손을 선뜻 잡고 따라가게 하시고,
그 길에서 큰 꿈을 꾸며 열정적으로 살아갈 때,
감히 생각지도 못한 멋진 인생을 살아가게 하옵소서.

예수님 이름으로 기도드립니다. 아멘.

봄/ 열일곱.

사랑과 은총이 가득하신 하나님,

이곳에 모인 한 사람 한 사람,
세상에 태어나게 하시고,
이 모습 이대로 살아가게 하시니 참 감사합니다.

특별히 이 캠퍼스에 불러 주셔서
함께 공부하게 하시니 감사드립니다.

저희의 삶이 온전히
하나님의 커다란 섭리와 계획 속에 있음을 고백합니다.
지금껏 저희를 이끌어주셨듯이
이제와 또 영원히 우리 젊은이를 인도해 주옵소서.

이 시간
각자에게 주어진 의무들의 틈 사이에
잠시 마음을 내려놓습니다.
허둥거리다가
정작 중요한 것을 잊고 살아온 것은 아닌지,
삶의 진정한 목적은 무엇인지,
왜 늘 숨 가쁘게 뛰어다니는 건지
묻고 또 물으며
고요 속에 침잠하게 하옵소서.

정리되지 않은 생각들과
정체를 알 수 없는 혼탁한 감정들,
이 시간 하나님 앞에
모두 내려놓게 하시고,
당신 안에서 평안을 얻게 하옵소서.

오늘 무용을 통하여 전해지는 귀한 말씀,
머리만이 아닌
온몸으로 받아들이게 하옵소서.

저희의 일상이
비록 무겁고 버거울지라도
하나님을 갈망하는 가운데
허탈함과 괴로움으로 끝나지 않게 하시고,
하나님과의 교제를 통하여
의미와 기쁨을 누릴 수 있다는 귀한 진리를
다시 한번 깨닫게 도와주옵소서.

무용을 안무하고 지도해 주신 선생님과,
헌신적으로 자신의 시간과 노력을 들여서 춤을 추는 젊은이들,
저들의 노고를 위로해 주시고,
그들의 몸으로 드리는 예배를 받아주옵소서.

이 자리에 참여한 젊은이들과
춤추는 젊은이들이
당신 안에서 하나가 되는 신비를 맛볼 수 있도록
이 시간 저희와 함께하여 주옵소서.

예수님 이름으로 기도드립니다. 아멘.

여름.

여름/ 하나.

사랑과 은총이 가득하신 하나님,

우리 젊은이에게
여름날을 허락해 주셔서 감사합니다.

푸르른 나무처럼
하늘을 향하여
부끄럼 없이 곧게 서게 하시고,
저희 몸으로 시원한 그늘 만들어
삶에 지친 이들이 그 그늘 아래서
고통 어린 땀을 씻게 하옵소서.

숨차게 달려온 한 학기를 마치기 위해
이제 힘을 쏟고 있습니다.
우리 젊은이가,
시험에 대한 긴장으로
당겨진 고무줄처럼 신경 팽팽하고 날카롭습니다.

오늘 이 시간,
특별한 경험으로
우리를 부드럽고 여유롭게 만들어 주옵소서.
경쾌한 느긋함으로
쉼과 안식을 얻게 하옵소서.
뜻하지 않았고,
예기치 않았던 하나님 은총을 맛보는
달콤한 시간이 되게 하옵소서.

예수님 이름으로 기도드립니다. 아멘.

여름/ 둘.

사랑과 은총이 가득하신 하나님,
푸르른 날을 주셔서 참 감사합니다.

푸르고 높은 하늘처럼
저희 이상도 높푸르게 하옵소서.
나도 모르게 내 안에 자리 잡은
많은 편견과 선입견에
나의 앎과 행함을 맡겨두지 않게 하옵소서.

보다 옳은 것,
보다 반듯한 것 추구하는 일에
주저함 없게 하시고,
때로 불편한 진실을 대할 때에도
용감하게 대면하게 하옵소서.

다양한 삶의 모습을 바라보는 저희의 시선이
따뜻하고 너그럽게 하시고,
차이와 다름으로부터
오히려 많이 배우고,
나아가 깨우치게 하옵소서.

어떠한 상황에서도 변덕 부리지 않고
저희가 지닌 인품과 인간미를
한결같이 이웃과 나눌 수 있는,
만인이 기대고 의지할 수 있는
참 보기 드문 아름다운 이웃 되게 하옵소서.

예수님 이름으로 기도드립니다. 아멘.

여름/ 셋.

사랑과 은총이 가득하신 하나님,

오늘도 소중한 하루를 허락하시고
채플에 불러 주셔서 감사드립니다.

이 시간 저희와 함께하셔서
저희의 집착과 욕심은 제거해 주시고
비워 진 저희 마음에
하늘로부터 내려오는 숭고한 의미로 가득하게 하옵소서.

다른 이들의 환호를 받으려는 욕망으로부터,
칭찬을 받으려는 욕망으로부터,
명예로워지려는 욕망으로부터,
그리고 다른 이들로부터 비방당하는 두려움으로부터,
잊혀지는 두려움으로부터,
의심받는 두려움으로부터,
저희를 해방시키시옵소서.[*]

---

*　마더 테레사의 <나를 해방시키시옵소서> 중에서 일부를 원용함.

외부로부터 오는
숱한 자극과 충격을 견뎌낼 수 있도록
저희의 내면이 더욱 단단해지게 하옵시고,
우리 한 사람 한 사람이
하나님의 존귀한 피조물임을 기억하게 하옵소서.
아침 안개처럼 짧은 인생을 살아가는 저희지만
영원하신 하나님 의지하고
영원에 잇대어 살아가게 하옵소서.

예수님 이름으로 기도드립니다. 아멘.

여름/ 넷.

사랑과 은총이 가득하신 하나님,
오늘을 주심에 감사합니다.

오늘 여기 모인 우리 젊은이에게
정직하고 정의로운 생각을 지켜나갈 수 있는
고집스러움을 허락하시되,
설득할 수도
기꺼이 설득당할 수도 있는
현명함과 유연함도 함께 허락해 주옵소서.

우리 젊은이가
자신감을 가지고
지혜롭게 살도록 인도하시되,
따듯한 인간미와
푸근한 성품도 갖추게 하옵소서.

오늘은 다른 사람 핑계 대며
짜증 난다는 말 하지 않게 하시고,
제 뜻대로 되지 않는다고 해서
빨리 되지 않는다고 해서
불편하다고 해서
짜증 난다는 말 하지 않게 하옵소서.

갈 길 바쁘고 할 일 많아도,
나에게만 부당한 일이 생겨나는 것 같아도,
나 자신을 지켜낼 수 있도록 도와주옵소서.

자기 존재의 깊이가 금세 바닥을 드러내는
천박한 인품을 소유하지 않게 하시고
마음 씀씀이가 깊고도 여유롭게 하옵소서.

자신을 지키는 일은 고독하지만,
날마다 더 용기 있게 하옵소서.

예수님 이름으로 기도드립니다. 아멘.

여름/ 다섯.

사랑의 하나님.

우리 의학도가 한자리에 모여
귀한 성찰의 시간을 갖게 하시니 참 감사합니다.

사람의 생명을 다루는 소중한 길에 저희를 불러 주셨으니
이곳에서 열심히 배우고 공부하여
많은 생명 구하게 하시고,
사람들에게 새로운 삶의 의지를 심어줄 수 있는
참의료인의 길을 가게 하옵소서.

고단하고 힘든 우리 의학도를 위로하여 주시고
이들에게 새로운 힘과 능력을 부어주옵소서.
하나님의 위로와 격려에 힘입어
학업에 정진하게 하시고,
하나님의 사랑과 은총에 힘입어
고달픈 인생길에 자신을 비춰볼 거울 같은 친구도 만나게 하옵소서.

이 시간 저희의 영혼을 정화시켜 주시고,
삶의 의미와 목표를 다시 한번 점검하는
귀한 시간이 되도록 인도해 주옵소서.

예수님 이름으로 기도드립니다. 아멘.

여름/ 여섯.

사랑과 은총이 가득하신 하나님,

이곳에 모인 한 사람 한 사람,
세상에 태어나게 하시고,
나름의 모습으로 살아가게 하시니 참 감사합니다.

특별히 대학에 불러 주셔서
아름다운 캠퍼스에서 공부하게 하시니 더욱 감사드립니다.
지금껏 저희를 이끌어주셨듯이 오늘도 인도해 주옵소서.

한 주를 시작하는 월요일이지만
이미 마음은 분주하고
해야만 하는 일들과 공부로 짬을 낼 수가 없습니다.

그럼에도 이 시간 잠시 마음을 가다듬어 봅니다.
일과 공부에 치여 허둥거리다가
정작 중요한 것을 잊고 사는 것은 아닌지,
지금 난 잘살고 있는 건지 자문하게 하시고,
침묵 속에서 나 자신을 발견하게 하옵소서.

정리되지 않은 생각과
또한 정체를 알 수 없는 혼탁한 감정들,
이 시간 하나님 앞에 모두 내려놓게 하시고,
하늘의 평안을 얻게 하옵소서.

저희의 건조한 삶을 촉촉하게 적셔주시고,
이미 받은 상처는 위로하여 주시며,
냉랭한 마음은 따뜻하게 하시고,
저희의 일상이 잔잔한 기쁨으로 넘쳐나게 하옵소서.

예수님 이름으로 기도드립니다. 아멘.

여름/ 일곱.

사랑과 은총이 가득하신 하나님,

새날을 허락해 주셔서 감사합니다.
좋은 사람들과 한자리에 모일 수 있어서 참 감사합니다.
가던 길 멈추고,
고개 숙여 생각할 여유를 주셔서 감사합니다.

자칫 영문도 모른 채
다른 이들을 따라 달려갈지도 모를 우리 젊은이에게
생각의 깊이를 더할 기회를 주셔서 감사합니다.

오늘이란 이름의 이날이
일생에 단 한 번 주어지는 기회임을 깨달아 알게 하시고,
하루를 소중히 여기며 성심껏 살아가게 하옵소서.

순간순간 깨어있어서,
그 모든 순간을
기쁘고 의미 있는 찰나들로 바꾸어 살게 하옵소서.

만나는 사람마다,
부딪히는 사물마다,
우리의 배움과 깨달음의 통로가 되게 하시고,
강의실 안과 밖에서 발견하는 새로운 깨달음으로
삶의 희열을 맛보게 하옵소서.

오늘은 누구를 통해, 그리고 무엇을 통해
나의 인식 지평을 넓혀나갈 수 있을까 궁금해하는
호기심과 기대로 가득 찬 하루 되게 하옵소서.

오늘 채플에서
가까이에 있는 삶의 모범을 만나게 하시고,
그 만남이 우리에게 도전이 되게 하시며,
또한 격려가 되게 하옵소서.

예수님 이름으로 기도드립니다. 아멘.

여름/ 여덟.

사랑의 하나님,

눈부시게 맑은 날이 계속되다
비 뿌리는 날로 쉬어가게 하시니
이 또한 참좋습니다.

밝고 환희에 찬 날을 살다가
땅으로 꺼질 듯한 한숨의 날로
쉬어갈 수 있어, 또한 감사합니다.

우리의 나날이 하루하루
기쁘면 기쁜 대로
슬프면 슬픈 대로
의미 있게 하옵소서.

시간의 빠른 흐름 속에서도
저희를 지켜주셔서 감사합니다.
바삐 가던 젊은이들,
지금 당장 눈앞에 보이는 길 없어도
너무 초조해하지 않게 하시고,
지금 당장 손에 잡히는 것 없어도
쉬이 좌절하지 않게 하옵소서.

지금은 거친 길 가고 있어도
하나님께서 끝내 우리를 지키시리라는
믿음 가지고 살게 하옵소서.

예수님 이름으로 기도드립니다. 아멘.

여름/ 아홉.

사랑과 은총이 가득하신 하나님,

이번 학기 마지막 채플 시간입니다.
한 학기 동안 이 채플로 인도해 주시고,
저희 자신을 되돌아볼 수 있는 시간을 갖게 해 주셔서
참 감사드립니다.

우리 젊은이들,
대학에서 한 학기 한 학기 지내면서
생각은 더욱 깊어지게 하시고,
지혜는 더욱 넓어지게 하옵소서.
내면은 더욱 단단해지게 하시고,
마음은 더욱 따뜻해지게 하옵소서.
성숙한 말과 행실로
이웃을 보듬고 위로하며,
저들의 상처를 치유할 수 있게 하옵소서.

이제 한동안 캠퍼스에서 만날 수 없지만,
우리 젊은이 한 사람 한 사람
하나님께서 늘 보호해 주셔서,
어느 곳에 있든지, 어디를 가든지, 무엇을 하든지,
이 젊은이들의 삶에 기쁨과 평안이 있게 하시고,
그리스도의 향기 드러내게 하시며,
젊음의 솟구치는 열정으로
시대와 역사를 섬기게 하옵소서.

예수님 이름으로 기도드립니다. 아멘.

가을.

가을/ 하나.

사랑과 은총이 가득하신 하나님,

그 덥던 여름도,
마치 영원할 것 같던 대지의 열기도
이제 모두 지나갔습니다.

계절의 변화를 통해
모든 것이 변한다는
인간사의 진리를 깨닫게 해 주셔서 참 감사합니다.

변화하는 이 순간을 살 때에
우리로 진실하게 하옵소서.
끝이 있는 인생이지만
영원을 꿈꾸며 살아가게 하옵소서.
한 번 주어진 삶의 기회를
최선 다해 열심히, 그리고
후회 없이 살게 하옵소서.

나 혼자만이 아닌
우리의 삶을 살아가게 하시고,
다른 이를 존중하는 마음과 태도가
우리 몸의 뼈와 살처럼
자연스레 체화되게 하옵소서.

참 괜찮은 속사람으로
자신을 가꾸는 일에 소홀하지 않게 하시고,
내면의 아름다움이 절로 우러나오는
멋진 젊은이들 되게 하옵소서.

오늘도 우리 젊은이가,
서로에게 보내는 따뜻한 눈빛 하나만으로도,
타인을 배려하는 손길 하나만으로도,
풍성하고 넉넉히 기쁜 하루가 되게 하옵소서.

바쁜 일과 속에서,
넋을 놓고 떠밀려 살아가던 삶 속에서,
오늘은 잃어버렸던 그 무엇을 되찾는
뜻깊은 하루가 되게 하옵소서.

예수님 이름으로 기도드립니다. 아멘.

가을/ 둘.

사랑의 하나님,

긴 방학 동안에도 저희를 지켜주시고
다시금 대강당 채플로 인도해 주셔서 참 감사합니다.

새로운 한 학기를 시작하는 저희와 함께하여 주셔서
이번 학기가 대학 생활의 한 전환점이 되게 해 주옵소서.

각오를 새롭게 하고
저희들이 안고 있는 문제점들과 철저하게 대면하게 하시며
그 무엇 때문에도 도망가지 않게 하옵소서.

저희들의 나약함과 나태함,
그리고 무기력함과 싸워서 이길 수 있는 강한 의지를 주옵시고
하나씩 한 가지씩
애써 고쳐나갈 수 있도록 도와주옵소서.

철저한 비판의 잣대는
자기 자신을 향하여 더욱 철저하게 적용하게 하시고,
다른 사람을 향해서는
한도 끝도 없이 너그러워지게 하옵소서.

쉽고 빠른 자기합리화에서 얻어지는 편안함을 버리고
치열하고 냉정하게 자신의 내면을 들여다보게 하옵소서.

자신의 현실과 한계를 파악하되
체념에 빠지지 않게 하시고,
날마다 자신을 변화시키려 애쓰고 노력하는 저희에게
하나님의 특별한 은총을 내려주옵소서.

오늘 채플이 새 학기를 시작하는 젊은이들에게
새로운 각오와 다짐과 결단의 시간이 되도록
성령께서 인도해 주옵소서.

예수님 이름으로 기도드립니다. 아멘.

가을/ 셋.

사랑과 은총이 가득하신 하나님,

오늘도 변함없이
새날을 허락해 주셔서 참 감사합니다.
허락하신 시간을 귀히 여기며
오늘이란 시간을 살아가게 하옵소서.

지금, 여기, 우리 곁에 계시는 하나님,
오늘 하는 공부에,
오늘 만나는 사람에,
그 대화의 주제에,
또 오늘 식사를 하고 차를 마실 때에
바로 그 일마다에 집중하게 하시고,
그 순간마다 관심과 열정을 쏟아붓게 하옵소서.

인생의 매듭마다
마음과 뜻과 정성을 다하게 하시고,
순간순간 진실하게 하옵소서.

먼 길 가야 하는 인생길이지만,
한 걸음 한 걸음
차분하게 계단을 오르게 하시고,
올라야 할 계단이 너무 많을 때는
높은 계단만 올려다보기보다
발아래를 가만히 내려다보며
담담하게 걸어가게 하옵소서.

가만가만 내리는 가랑비에 옷 젖듯
하루하루 쌓여가는 저희의 공부가
인류의 삶을 기름지게 하는
거룩한 밑거름이 되게 하옵소서.

예수님 이름으로 기도드립니다. 아멘.

가을/ 넷.

사랑의 하나님,

마음에 무거운 짐을 지고 여기까지 달려왔습니다.
분주한 일상 가운데 가던 길을 멈추고
여기 채플의 자리에 앉았습니다.

크지 않은 캠퍼스 안에서
늘 허겁지겁 살아가지만
문득 생각해 보면
무엇을 위해 이토록 정신없이 살아가는지
잘 모를 때가 있습니다.

사랑이신 하나님,
이 시간 저희의 마음을 새털처럼 가볍게 하시고
허무한 마음에 평안함을 허락해 주옵소서.

결실의 계절인 이 가을에
우리가 거두어들일 열매는 무엇인지
겸허하게 되돌아보게 하옵소서.

사회봉사 보고 주간입니다.*
젊은이들이 받은 바 특권을
자신을 위하여 사용하는 데서 머물지 않고
사회적 약자들을 위하여
섬기고 나누었던 봉사와 헌신의 모습을 함께 보려고 합니다.

사랑이신 하나님,
사회봉사에 힘을 보탠 젊은이들의 노고를 위로해 주옵소서.
그들의 삶이
보람과 의미로 가득 차도록 축복해 주옵소서.

나아가 오늘 이 자리에 참여한 젊은이들 모두가
아름다운 봉사의 경험을 공유하게 하시고,
더 많은 젊은이들이
사랑의 봉사와 헌신의 씨를 뿌려
우리 모두가 원하는 아름다운 세상을 열어갈 수 있도록
용기와 힘을 주옵소서.

---

* 가을학기 채플에는 방학 동안 활동한 학생 봉사활동 팀의 활약상을 소개하는 순서가 있다.

한 사람의 사회봉사 경험을 우리 함께 나눌 때,
나눔의 신비를 모두가 체험하게 하옵소서.

예수님 이름으로 기도드립니다. 아멘.

가을/ 다섯.

사랑과 은총이 가득하신 하나님,

싸늘한 바람 불어오는 날
옷깃을 여미는 모습들을 보니
이제 한 해가 다 지나가나 봅니다.

들녘에 쌓인 추수 단을 머릿속에 그려보며
올 한 해
나는 거두어들일 그 무엇이 있는지
되돌아보게 하옵소서.

눈에 보이는 것을 많이 거두어들인 사람은
열심히 일군 것을 바라보며 감사하게 하시고,
겸손한 태도로
감사의 마음을 이웃과 나누게 하옵소서.

나름대로 열심히 살았지만
뚜렷한 성과가 눈에 보이지 않는 사람들에게는
중요한 것은 눈에 보이지 않는다고
위로해 주시고,
자신에게 주어진 감사의 조건을
더욱 깊이 헤아려
더불어 감사하게 하옵소서.

세상의 어느 한 편에서
같은 시간을 살고 있는 우리 동시대인이
인간으로서의 최소한의 권리를 누리며
존엄한 존재로 살아갈 수 있도록
우리의 미약한 힘을 보태게 하옵소서.

구실도 핑계도 무척 많지만
돌보아야 할 사람을 돌보지 않아
하나님 앞에 부끄럽지 않게 하옵소서.

"타인의 여윈 손"[*]
선뜻 잡아주게 하시고,
사랑의 나눔 속에
하나님이 함께 계심을
저희로 깨달아 알게 하옵소서.

예수님 이름으로 기도드립니다. 아멘.

---

[*] 이성복 시인의 <손>에서 인용하였다.

가을/ 여섯.

사랑과 은총이 가득하신 하나님,

오늘도 우리 젊은이를 대강당에 불러 주셔서 참 감사합니다.
젊은이들이 함께 찬송 부르며,
올 한 해 받은 은총에 감사할 기회를
허락하시니 더욱 감사합니다.

저희들,
받은 은혜를 당연한 것으로 여기며,
감사할 줄 모르고 살아왔습니다.
이 시간 스스로를 되돌아보며,
마음 깊이 감사하게 하옵소서.

젊음 주셔서 감사합니다.
열심히 공부할 수 있도록 열정과 지혜도 주셔서 감사합니다.
따뜻한 마음 주셔서
서로 위로하고 사랑할 수 있게 하시니 또한 감사합니다.

밖의 날씨 차가워도
어디든 실내에서 온기를 받을 수 있을 만큼
풍요의 시대를 살아가게 하심도 감사합니다.

일용할 양식뿐 아니라
달콤한 기호식품을 즐기며 살아갈 수 있도록
넉넉한 물질도 주심에 감사합니다.

그러나 언제나
더 더 더 많은 것을 주십사 기도하는
저희의 욕심 많음을 용서하옵소서.

풍요의 시대에
소외감을 더욱 크게 느낄 사람을 기억하게 하시고
기본적인 욕구조차 해결할 수 없어 고통당하는 이들에게
저희가 가진 것을 나누게 하옵소서.

하나님께서 저희 마음에
이웃에 대한 한없는 사랑을 심어주시고
저희가 그 사랑을 나누는 자리에
하나님 함께하여 주옵소서.

예수님 이름으로 기도드립니다. 아멘.

가을/ 일곱.

고마우신 하나님,

무심하게 살아가면서 감사할 줄 모르는 저희이지만,
문득 받은 복을 세어보면 너무나도 감사할 조건이 많습니다.

냉장고에 먹을 것이 있고,
몸에 걸칠 옷이 있으며,
지붕이 있는 집에서 잘 수 있으면,
이 세상의 75퍼센트의 사람보다도 잘 사는 사람이라고 하는데,
저희가 따뜻한 잠자리에서 자고 일어나며
철에 맞는 옷을 걸치고,
살이 찔 것을 염려하면서까지
넉넉하게 먹고 마실 수 있게 해 주심도 참 감사합니다.

이토록 넉넉한 삶의 조건에
저희로 감사하게 하시고
기꺼이 이웃을 도우며 살아가게 하옵소서.

하루 만 팔천 명의 아이가
영양실조로 죽어간다고 합니다.
사랑이신 하나님,
이러한 세상이 참으로 절망스럽습니다.
그러나 이러한 절망의 끝에서
거룩한 사랑을 시작하게 하옵소서.

이백 원이면 탈수 증세를 보이는 아이를 살릴 수 있고,
팔백 원이면 영양실조로 실명하는 아이의 눈을
고쳐줄 수 있다고 합니다.
만 원이면 아프리카에서 죽어가는 아이를
한 달이나 먹일 수 있다고 합니다.

이러한 세상의 비극적인 장면을 목격하면서
저희가 인색하지 않게 하시고,
주저하는 마음으로 손이 오그라들지 않게 하시며,
당신처럼 넉넉한 마음 갖게 하옵소서.

지극히 작은 자 하나에게 한 것이
곧 내게 한 것이라는 예수님 말씀 기억하며,
하나님이 기뻐하실 일을 저희로 하게 하옵소서.
하나님께서 저희 봉헌을 기쁘게 받아주시고[*]
아이들에게 이 물질이 전달될 때
저희의 안타까운 사랑과 함께
그들의 복을 비는
저희의 간절한 마음도 전해지게 하옵소서.

예수님 이름으로 기도드립니다. 아멘.

---

[*] 한 학기에 한 번씩 여러 가지 이유로 고통에 처한 이웃을 위한 헌금을 드리는 채플에서 드린 기도다.

가을/ 여덟.

사랑의 하나님,

이렇게 좋은 날을 허락해 주셔서 참 감사합니다.
서로 다른 모습의 젊은이가
한자리에 모이게 하시니 또한 감사합니다.

이곳에 잠시 머무를 때에
지치고 피로했던 우리의 몸과 마음이
하늘로부터 임하는 은총으로 채워 지게 하시고,
삶을 바라보는 저희 시선이
긍정과 열정으로 가득하게 하옵소서.

오늘은 무용으로 예배드립니다.
우리의 말이 기도가 되듯이
우리의 몸짓이 예배가 되게 하시고,
우리의 춤이
하나님께 드리는 진실한 봉헌이 되게 하옵소서.

세상에 서로 다른 취향을 가진 사람들이
반목하고 혐오하며 살아갑니다.

그러나 하나님,
서로 다른 사람들이 서로 어울려 살며,
서로를 거울로 삼아
관용하고 조화를 이루며 살아가는 것이
하나님 보시기에 아름답고 즐거운 일인 줄 압니다.

우리 젊은이가
사람 사이에 존재하는 다툼을 무너뜨리게 하시고,
조화로운 세상살이를
세상에 널리 전파하는 화해의 홀씨들이 되게 하옵소서.

장르의 경계를 허무는 어려운 시도를 감행한
우리 채플 무용팀을 위로하시고
큰 은혜 내려 주옵소서.

무용을 통하여 경계를 허무는 체험을 하게 하시고,
나아가 서로 다른 사람들이 함께 어울려 사는 기적 같은 일이
얼마나 즐겁고 아름다운 것인지
우리 젊은이 모두 경험하게 하옵소서.

우리의 신나는 화목의 잔치를
기쁘게 받아주시고 축복하옵소서.

예수님 이름으로 기도드립니다. 아멘.

가을/ 아홉.

사랑과 은총이 가득하신 하나님,

새날을 주심에 감사합니다.
하나님이 허락하신 새날에
저희 모두가
오늘이 세상의 마지막 날인 것처럼
최선 다해 살게 하옵소서.

지금껏
한 번도 상처받지 않은 것처럼
열정적으로 살게 하옵소서.

저희에게
새 학기를 맞이하게 하여 주셔서 감사드립니다.
이번 학기,
마치 대학에서의 첫 학기를 맞이하던 때처럼
기대감으로 설레이게 하옵소서.

다시금 대강당에 함께 모여
찬송 부르고 기도하게 하시니 참 감사합니다.
오늘 이 자리에 함께한 젊은이 한 사람 한 사람을 축복하시어,
이 채플이 삶의 의미를 한 자락 보태는
귀한 시간이 되게 해 주옵소서.

무더운 여름날에
많은 사람이 자신의 문제에 골몰하고,
자신 안에 갇혀 지내는 동안,
우리 젊은이가 학교 봉사단의 이름으로
나라 안과 밖
우리의 도움을 필요로 하는 지역에서
땀 흘려 봉사하고 돌아왔습니다.

이전에 거친 일 해본 적 없고,
곱고 귀하게 자란 우리 젊은이들이
망치 들고 막노동을 불사하는 집짓기에도 참여했고,
어린아이들의 투정을 받아내며 가르치고 시중들어 주었습니다.

하나님, 이들의 노고를 위로해 주옵소서.
귀한 하나님의 일꾼들을
참잘했다 칭찬해 주옵소서.

오늘 이들의 활동을 함께 나눌 때에
많은 젊은이들의 마음과 생각 속에
타자를 위한 봉사의 열정이 타오르게 하옵소서.

사랑과 봉사와 헌신의 기독교 정신이
이후로도
이 나라 안과 밖에서
지속적으로 펼쳐지게 도와주옵소서.
보다 아름다운 세상 만드는 데
우리 젊은이들이 한껏 힘을 보태게 하옵소서.

저희 모두 행복해지고 싶은 열망이 있습니다.
한 번 사는 인생, 잘 살고 싶은 열망 가지고 있습니다.
무엇이 우리를 그 길로 인도해줄지 묻게 하시고,
또한 그 답을 진지하게 구하게 하옵소서.
자기 자신을 위하여, 또한 세상을 위하여
보다 의미 있는 일에 마음을 두게 하옵소서.

오늘 이 시간 이곳에 저희와 함께하여 주옵소서.

예수님 이름으로 기도드립니다. 아멘.

가을/ 열.

사랑이 가득하신 하나님,

우리 젊은이들이
강할 때 나를 되돌아볼 줄 아는 여유와,
두려울 때 자신을 잃지 않는 대담함을 갖게 하옵소서.
정직한 패배에 부끄러워하지 않게 하시고,
원하는 것을 얻었을 때에 겸손하고 온유하게 하옵소서.*

깊어가는 가을날처럼
우리 내면도 깊어가게 하옵소서.
가을날 저 높은 하늘을 품고 기도하게 하시되,
위험에서 벗어나게 해달라고 기도하지 않게 하시고,
위험과 용감히 맞설 수 있게 해달라고 기도하게 하옵소서.

우리 젊은이들이
고통을 느끼지 않게 해달라고 청하지도 않게 하시고,
불안과 두려움 속에서 주저앉지도 않게 하시며,
끝내 자유를 쟁취하는 인내심을 갖게 하옵소서.

---

* D. 맥아더의 <아버지의 기도> 중에서 일부를 원용하였다.

성공 속에서만 하나님의 은혜를 느끼는
비겁하고 얕은 믿음이 아니라,
실의에 빠졌을 때야말로
하나님이 내 손 힘껏 잡고 계심을 알아채는
담대하고 깊은 믿음을 허락해 주옵소서.**

오늘 보내 주신 선생님을 통하여
삶의 지혜와 용기 얻게 하시고,
오늘의 고민을 견딜만한 힘도 얻게 하옵소서.

예수님 이름으로 기도드립니다. 아멘.

** 라빈드라나트 타고르의 <기도> 중에서 일부를 원용하였다.

가을/ 열하나.

사랑의 하나님,

우리 젊은이를 축복해 주옵소서.

높푸른 가을하늘처럼
높고 푸른 꿈을 간직하게 하옵소서.
들녘에 익은 곡식처럼
성숙하고 겸손하여
고개를 숙일 줄 알게 하옵소서.

여름의 거친 비바람에도 굴하지 않고
아름다운 열매 맺는 저 과실수처럼
고통과 역경을 견뎌내고
묵묵히 자신을 지켜내어
열매 맺는 삶을 살게 하옵소서.

우리 젊은이들,
이 가을에 사람을 사랑하게 하시되
진심으로 사랑하게 하옵소서.

나와 피를 나누지 않았어도,
나와 이해관계로 얽혀있지 않아도
이웃을 사랑할 수 있는
말할 수 없는 연민의 마음을 허락하옵소서.

진실한 사랑의 경험을 통해
자기 자신의 인간적 한계를 뛰어넘을 수 있게 하시고
신적 본질에 다가가는 신비한 체험을 나누게 하옵소서.

우리 젊은이들,
이 가을에
자신이 하는 공부와 사랑에 빠지게 하옵소서.
배우고 깨우치는 일에 열정을 쏟아부어
순간순간 아하, 깨닫는 희열을 맛보게 하옵소서.

지치고 피로한 몸으로
어둑해진 캠퍼스 동산을 뒤로하며
교문을 나설 때
학문하는 참기쁨과 보람을 맛보게 하옵소서.

하고 싶은 공부 마음껏 하며
학생의 신분을 누릴 수 있는 젊은이들의 가슴에
감사 또한 한껏 피어오르게 하옵소서.

오늘 채플이
나는 무엇과 씨름하며 살아갈 것인지
깊이 생각해 보는
성찰의 시간 되게 하옵소서.

예수님 이름으로 기도드립니다. 아멘.

가을/ 열둘.

사랑의 하나님,

눈이 부시도록 찬란한 가을날을 허락해 주셔서 감사드립니다.

이 가을날
우리 젊은이들
자신의 내면을 들여다보게 하시고,
깊이 침묵하게 하옵소서.

세상의 절반은 슬픔이라 합니다.
지나온 날들을 곰곰이 되짚어 보면
정말 슬픔이 훨씬 더 많은 것 같습니다.

그래서인지
남모르는 아픔에 소리 내어 울 수조차 없는
고단한 영혼들이
수를 헤아릴 수 없이 많습니다.
저희에게 자비를 베풀어 주옵소서.

사랑이란 이름으로
많은 상처를 주고받기도 합니다.
상처를 주지 않고 사랑하기란
얼마나 어려운 일인지
말로 다 할 수 없습니다.

이후로는 원 없이 사랑하게 하시되
그러나 사랑을 베풀었다는 사실조차
기억하지 못하게 하옵소서.
그저 사랑을 베푸는 곳에서
하나님의 현존만을 경험하게 하옵소서.
저희에게 자비를 베풀어 주옵소서.

배반과 배신의 이름으로 새겨진 상처들 때문에
친한 사람들의 속마음까지도
실눈을 뜨고 경계할 때가 있습니다.
하지만
우리 자신을 해치는 상대는
다른 사람이 아니라
우리 자신이라는 사실을 깨닫게 하옵소서.
저희에게 자비를 베풀어 주옵소서.

자기 자신과 화해하게 하시고,
있는 그대로의 나 자신을 소중히 여기게 하옵소서.
타인을 향하여는 한없이 너그러워지게 하옵소서.

우리 젊은이들이,
가을에 아파하는 한 영혼을 감싸 안고,
위로와 사랑을 베풀게 하옵소서.

예수님 이름으로 기도드립니다. 아멘.

가을/ 열셋.

사랑과 은총이 가득하신 하나님,

오늘도 어김없이 하루를 허락하시고,
학교에 다닐 수 있도록 인도해 주셔서 감사드립니다.

청명한 가을날, 그러나
쌀쌀한 가을바람 맞으며
저희의 이성이 더욱 냉철해 지게 하옵소서.
이런저런 파편으로만 존재하던 많은 정보와 생각들이
더욱 명확하게 윤곽을 잡아가게 하옵소서.

하지만 하나님,
저희의 손과 가슴은
점점 더 따뜻해지게 하옵소서.
다른 이의 여윈 손,
차가운 손 잡아주게 하시고,
너른 가슴으로
타인의 위축된 어깨를 감싸 안게 하옵소서.

세상에서 들려오는 소식들은 참 흉흉합니다.
가슴에 맺힌 분노 많아,
상처 겹겹이 쌓인 사람들도 참 많습니다.
그들의 아픈 마음을 하나님께서 위로해 주옵소서.

사랑의 하나님,
우리 사회가 소외된 이웃을 향해
좀 더 따뜻하게 배려할 수 있는
밝은 사회가 될 수 있기를 원합니다.

하나님께서 도와주시고,
저희 한 사람 한 사람이
그 일에 힘을 보태게 하옵소서.
어둡다고 불평하기보다
나 자신부터 촛불 하나 밝히게 하옵소서.

절망에 속지 않게 하시고,
빛은 어둠 속에서 더 잘 보인다는 사실을 기억하며
다시 희망을 노래하게 하옵소서.

오늘 하루도
나에게 부족한 것이 무엇인지 따지기보다
가진 것이 얼마나 많은지
받은 복을 세어보는 하루가 되게 하옵소서.
끝없이 불평하기보다
많이 감사하는 날 되게 하옵소서.

오늘 우리에게 보내 주신 선생님의 말씀이
두고두고 곱씹을
인생의 귀한 양식 되게 하옵소서.

사랑이신 하나님,
이 시간,
여기에 함께하여 주옵소서.

예수님 이름으로 기도드립니다. 아멘.

가을/ 열넷.

사랑의 하나님,

쌀쌀한 늦가을 날을 맞이한 젊은이들
이 시간 함께 머리 숙였습니다.

이 가을 캠퍼스에 찬바람으로 오셔서
반듯함과 올곧음을 유지하지 못하고
어느새 느슨해진 저희를 긴장하게 하시고,
또한 따뜻한 햇살로 오셔서
넉넉함과 푸근함에 인색해진 저희를 풍성하게 하옵소서.

긴장되고 떨리는 마음으로
수능시험 치르고 있을 우리의 후배들 곁에 함께 계셔서
저들로 평안을 누리게 하옵소서.

우리도 저들처럼
떨리는 순간을 건너왔음을 기억하게 하시고,
그때 그 순간에 하나님이 우리 곁에 계셨음을
이제는 고백하게 하옵소서.

고마우신 하나님,
처음처럼,
이제와 또 영원히,
삶의 굽이굽이마다
저희를 혼자 두지 마옵소서.

예수님 이름으로 기도드립니다. 아멘.

가을/ 열다섯.

사랑과 은총이 가득하신 하나님,

중간고사를 마치고 돌아온 우리 젊은이들을 축복하옵소서.
부단한 노력 끝에 좋은 결과 얻은 이들은
만족하고 감사하게 하시되,
작은 성취에 들떠 오만하지 않도록 도와주옵소서.

나름대로 애를 썼지만
만족할 만한 결과를 얻지 못한 이들의 마음은
위로하시되,
학문의 길에서 늘 다가올 수 있는 슬럼프를
절망이라 부르며 주저앉지 않게 도와주옵소서.

이 시간 잠시 숨을 돌리며,
마음의 울적함을 발판 삼아
오히려 도약하게 도와주옵소서.

오늘 마련된 좋은 공연을 함께 감상하며
한정된 시간과 공간을
정처 없이 떠돌며 사는 인간이 되돌아갈 곳은 어디인지,
스스로 질문하게 하옵소서.

이 자리에 함께한 저희 모두가
자기만의 마음 둘 곳과 의지할 곳,
되돌아갈 자리를 찾아가는
삶의 여정을 시작하게 하옵소서.

공연을 준비하며
힘든 시간을 보낸 학생들과 선생님을 위로해 주시고,
남들이 지니지 못한 자신들의 재능을
공연을 통해 여러 사람과 나눔으로써
그간의 고생스러움을 보람으로 승화시킬 수 있게 하옵소서.

공연을 관람하는 젊은이들은
그들의 노고에 감사하며,
아낌없는 박수를 보낼 수 있도록
너그러운 마음도 주옵소서.

예수님 이름으로 기도드립니다. 아멘.

겨울.

겨울/ 하나.

사랑과 은총이 가득하신 하나님,

찬 바람 불어오고,
곱던 단풍은 낙엽이 되어
처연하게 뒹구는 계절입니다.

이제 한 해를 마무리할 때도 얼마 남지 않았습니다.
이 시간, 올 한 해 나에게는 어떤 즐거운 일이,
또 어떤 아픈 일이 있었는지 생각해 봅니다.

지금껏 삶을 버틸 수 있도록 인도해 주셔서 참 감사합니다.
이렇게 저렇게 돕는 손길들을 통하여 물질도 주시고,
슬픔 가운데 잔잔한 기쁨 얻도록 도와주시며,
또 친구를 통하여 말할 수 없는 위로를 주셔서 감사합니다.

하나님께 감사의 노래를 불러 드리는 추수감사절,
받은 복이 얼마나 많은지 모르는,
그래서 무엇으로 어떻게 감사해야 할지조차 모르는
저희의 우둔함을 용서하옵소서.

새로운 삶의 기회를 얻고자 이 땅에 온 이주여성들,
몸과 마음이 쉬어갈 피난처와 쉼터가 필요하다고 합니다.
추위와 굶주림에 생존을 위협받는 북녘땅의 아이들,
따뜻한 겨울용품과 먹을 것이 필요하답니다.
가난 때문에 배울 수 없는 캄보디아 아이들,
배울 터전이 필요하다고 합니다.

하나님, 작은 힘이나마 보탤 수 있도록
우리의 마음을 따뜻하게 하시고,
나의 작은 손 내밀어 저들의 여윈 손 잡아주게 하옵소서.
보이지 않는 하나님에 대한 감사를
보이는 이웃을 위한 나눔으로 실천하게 하옵소서.
우리의 나눔과 감사의 잔치 자리에 하나님 함께하여 주옵소서.

예수님 이름으로 기도드립니다. 아멘

겨울/ 둘.

사랑과 은총이 가득하신 하나님,

오늘도 소중한 하루를 주셔서
호흡하며 생각하고,
일하며 공부할 수 있게 해 주셔서 감사드립니다.

꿈꾸게 하시고,
기쁨과 슬픔도 느낄 수 있게 해 주셔서 감사드립니다.

먼저 숨 쉬며 살아있음을 감사하게 하옵소서.
하나님, 참 감사합니다.

저희에게 허락하신 시간 동안
열심 내어 살게 하시고,
후회 없이 미련 없이
하나님 앞에 나가는 저희가 되게 하옵소서.

순간을 살아가는 저희이지만
영원하신 하나님을 의지하며
영원을 살게 하옵소서.

오늘 아름다운 음악을 들으면서
고단한 저희 영혼이 쉼을 얻게 하시고,
깨끗하고 맑은소리로
저희의 영혼도 맑아지게 하옵소서.

맑아진 영혼으로
눈이 있어도 보지 못했던 것들을 바라보게 하시고,
맑아진 눈으로 세상의 후미진 곳에서
귀한 것을 발견하게 하옵소서.
우리의 존재가
차갑고 어두운 곳을 환하게 밝히는
작은 촛불 되게 하옵소서.

예수님 이름으로 기도드립니다. 아멘.

겨울/ 셋.

사랑과 은총이 가득하신 하나님,

철 따라,
시간의 흐름 따라,
계절의 변화 속에서
자연의 이치와
하나님의 섭리를 깨닫게 하시니 감사합니다.

이 차가운 날,
따스한 햇볕으로 오시어
저희 시린 몸을 보듬어주셔서,
저희로 가끔은 이유 없이
환하고 따스하게 웃게 하시니 또한 감사합니다.

때로 서늘한 바람으로 오셔서
깊은 사색에 잠기게 하시고,
저희 지성의 냉철함도 일깨워주시니 감사합니다.

그러나 계절의 아름다움만을 느끼고 만끽하기에는
우리 주변에
고단한 인생들이 너무도 많습니다.

이 추운 계절에
고달픈 인생들과
마음이 시린 이들을 돌아볼 수 있는
따스한 마음을
여기 모인 젊은이들에게 허락해 주옵소서.

빨리, 그리고 많은 것을
대학 생활 동안 이루어야 한다고 생각하며
늘 분주하게만 살아온 저희가,
이 시간 조용히
하나님 생각에 골몰하고 싶습니다.

저희의 번잡한 마음을 비워 주옵소서.
저희 빈 마음에 오셔서
진리와 평안함이 살아나게 하옵소서.

조급함과 염려, 걱정과 근심은
우리 마음에서 완전히 없애 주시고,
오늘 하루 저희가 만나게 될 기쁜 일들을 기대하는
여유롭고 넉넉한 마음을 허락해 주옵소서.

당장 큰일이 일어날 것 같아도,
말할 수 없는 절망이 내 마음을 짓눌러도
강하고 담대하게 하옵소서.

삶에 대한 애정과 당신을 향한 믿음으로
겨울로 상징되는 세상의 모든 어려움을
거뜬히 이겨내게 하시고,
고달픈 인생들에게
우리의 존재 자체가 한 줌 빛이 되게 하옵소서.

예수님 이름으로 기도드립니다. 아멘.

겨울/ 넷.

사랑의 하나님,

11월 마지막 밤,
이 캠퍼스의 젊은이들이
함께 대강당에 모이게 하시니 감사합니다.

이번 한 학기 동안에도
여러 가지 일이 많았지만,
여기까지 잘 견뎌내게 하시고,
마침내 한 학기의 마지막을 바라볼 수 있도록
인도해 주심에 또한 참 감사합니다.

기말고사를 앞에 두고 있는 젊은이들을 축복하셔서
한 학기의 매듭을 잘 짓게 하옵소서.

그러나 아직 뚜렷한 목표를 발견하지 못하고,
무엇을 좋아하는지조차 잘 모르는 가운데,
무엇을 잘할 수 있을지 확신도 없이,
흐르는 시간만이 두렵게 느껴지는 젊은이들과 함께하시어,
조금 먼저 앞길을 걸어간 인생의 선배들로부터
조언을 들으며 위로받게 하시고,
잠자던 내 안의 열정을 일깨우게 도와주옵소서.

"자, 이제 시작이다."
저희의 두 주먹을 굳게 쥐는
다짐의 시간이 되게 하옵소서.

예수님 이름으로 기도드립니다. 아멘.

겨울/ 다섯.

사랑이신 하나님,

올해도
우리 젊은이를 지켜주셔서 감사합니다.
오늘은 한 학기를 마치는 통과의례로 모였습니다.

시험 준비로 여유 없는 나날을 보내는 우리,
진실로 원하지 않지만
하는 수 없어 이곳 대강당에 왔더라도,
아무도 그냥 돌아가지 않게 하시고,
뜻하지 않게 마음의 보배 하나씩 얻어가게 하옵소서.

올해도 한 달 남짓 남은 이때,
보내 주신 선생님을 통해,
유쾌하고도 의미 있는 교훈 얻게 하시고,
따뜻하고도 흐뭇한
겨울밤의 정취를 누리게 하옵소서.

예수님 이름으로 기도드립니다. 아멘.

겨울/ 여섯.

사랑과 은총이 가득하신 하나님,

이제 올해도 한 달이 채 남지 않았습니다.
올 한 해,
이러저러한 모습으로 분주하게 살아온 우리,
힘들고 어려울 때마다
저희와 함께해 주셔서 감사합니다.

특별히
사람으로 오시는 하나님을 기다리는 이 거룩한 절기에,
이 캠퍼스의 젊은이들이
채플로 모일 수 있게 하여주신 은혜에 감사드립니다.

하나님의 섭리 가운데
이곳에서 학문에 정진할 수 있음을 감히 고백하며,
모든 영광과 찬양을 하나님께 드립니다.

사랑이신 하나님,
학문의 여정 속에 있는 이곳의 젊은이들에게,
남들이 알지 못하는 어려운 순간들이 여전히 많습니다.
절망이 친구 하자 달려들 때도 있습니다.
하늘로부터 새 힘과 지혜 주셔서,
온갖 절망을 이겨내게 하옵소서.

때로 하늘을 찌를 듯한 희열을 느낄 때는
그로 인해 오만하지 않게 하시고,
저희 삶의 중심에 무게 추를 달아 주옵소서.

오히려 더욱 끈기 있게 공부하게 하시고,
학문하며 겪는 많은 시름을
깨달음의 환희로 극복하게 하옵소서.

이곳에서 만난 동학들과 더불어
서로가 서로에게
애정 어린 비판과 따뜻한 충고로 격려하게 하시고,
다양한 분야를 공부하는 가운데서도
한 곳을 바라보게 하시며,
버려진 곳,
세상의 후미진 곳을 밝히는 지식인들이 되게 하옵소서.

학문의 여정에서
버려진 사람과 버려진 사물을
귀히 여기는 마음과 관점도 얻게 하옵소서.

우리 젊은이,
사랑과 봉사와 헌신의 정신을 체득하여
세상을 보다 진실하고 선하고 아름답게 만드는 일에 기여하는
수월한 학문공동체의 일원으로 살아가게 하옵소서.

오늘의 채플이
예수님 다시 오심을 깊이 묵상하는
의미 있는 시간 되게 하옵소서.

예수님 이름으로 기도드립니다. 아멘.

겨울/ 일곱.

사랑의 하나님,

저희에게 생명 주셔서
세상에서 살아가게 하심을 감사드립니다.

계절의 변화를 느끼며
생각할 수 있는 능력을 허락해 주셔서 또한 감사합니다.

젊음을 누리게 하시고
건강과 지혜 주셔서
이 캠퍼스에서 공부할 수 있어서 참 감사합니다.

그러나 저희가 가진 모든 것
하나님께로부터 왔음을 고백합니다.

고마우신 하나님,
늘 겸손한 마음으로
하나님이 허락하신 시간을 소중히 여기며
충실하게 살아가게 하옵소서.

지금 여기에서
저희가 해야 할 일들을 성실하게 하게 하시고
미래를 꿈꾸되 꿈을 현실로 만들 수 있는
부지런함과 준비성도 갖추게 하옵소서.

저희의 일상생활 가운데 잘못된 습성들,
고쳐야 할 태도들은
하나씩 바로잡아 나갈 수 있도록
저희를 일깨워 주시고,
이를 실천할 수 있는 강한 의지도 주옵소서.

대학에서 생활하는 동안
저희가 여러 면에서 스스로를 잘 단련하여
학교를 떠나 사회에 나아가게 될 때에
잘 준비된 전문인으로 나아가게 하시고
세상을 좀 더 아름답고 살만한 곳으로 변화시켜 나가는
귀한 일꾼들이 되게 하옵소서.

오늘 채플에서
이 시간을 자신의 것으로 만들지 못하고
자기 자신을 소외시키는 이가 생겨나지 않도록
이곳에 모인 모든 젊은이의 마음을 열어주옵소서.

오늘 오신 선생님의 말씀 들을 때
저희의 마음이 따뜻해지게 하시고
삶에 대한 용기를 얻게 해 주옵소서.

예수님 이름으로 기도드립니다. 아멘

겨울/ 여덟.

사랑과 은총이 가득하신 하나님,

오늘도 귀한 하루를 허락해 주셔서 감사합니다.
오늘은 같은 하늘 아래 사는
모르는 사람들을 기억하고 싶습니다.

같은 시대,
운명처럼 다가온 동학들, 동료 인간들과
우리 서로 사랑하고 존중하게 하옵소서.

이 좁은 학습의 장에서
저희의 인간애를 연습하게 하시되,
우리의 친절과 배려가
캠퍼스 울타리 안에만 갇히지 않게 하시어
우리의 관심이 필요한 사람들에게로
먼 곳까지 흘러가게 하옵소서.

추위와 굶주림,
사랑 없음과 무관심,
그리고 절망으로 허덕이는 이들의
떨리는 손 잡아주게 하시고,
도움이 필요한 사람들의 어깨 감싸 안게 하옵소서.
하여 하나님 앞에 부끄럽지 않은
더운 가슴으로 살아가게 하옵소서.

예수님 이름으로 기도드립니다. 아멘.

겨울/ 아홉.

사랑과 은총이 가득하신 하나님,

저희를 대강당에 불러 주시니 참 감사합니다.
이번 학기도 어느덧 종반으로 치닫고 있는 이때에
저희의 마음이 분주합니다.

이곳에서 저희가 차분하게 마음을 모으고
여러 가지 상념을 정리할 수 있도록
하늘의 은혜를 내려주옵소서.

저희를 인도하시고 지켜주시는 하나님,
우리 젊은이들 각자가 지닌
진로에 대한 고민,
가정에 대한 걱정,
건강과 학업에 대한 근심,
인간관계에서 오는 번뇌의 긴 터널을 잘 통과할 수 있도록
하나님께서 힘과 용기를 주시고,
늘 보호해 주옵소서.

나태하지 않을 만큼의 낙관도 지니게 하시고,
비 온 뒤에 땅이 굳어지듯
깊은 시름에 빠진 사람일수록
굳건한 삶의 의지를 회복하게 하옵소서.

이번 학기의 종강 채플입니다.
이제 한동안 대강당에서 만나지 못하지만,
우리 젊은이들이 어느 곳에 있든지
그리스도의 향기를 발하게 하시고,
이들이 머무는 곳곳마다
그리스도의 사랑이 씨앗으로 뿌려지게 하시며,
하나님의 형상대로 지음 받은 인간의 존귀함과 저력이
지속적으로 드러나게 하옵소서.

예수님 이름으로 기도드립니다. 아멘.

제2부

**때를 따라
적절히**

절기.

사순절/ 하나.

사랑이신 하나님,

사순절을 살아가는 우리,
예수님의 십자가 고난을 기억합니다.
예수님을 우리의 주님이라 고백하는 저희로
기꺼이 제 몫의 십자가를 지게 하옵소서.

주님 앞에선 큰소리치고,
여종 앞에선 주눅 들었던 베드로를 기억합니다.

저희로,
교회 안에서만 의로움을 자랑하지 않게 하시고,
세상에 나가 세상 속에서,
그리고 각자의 삶의 자리에서,
예수님의 참 제자임을 스스로 드러내게 하옵소서.

마음은 원이로되 육신이 약하다는 예수님의 탄식이,
오늘 저희를 향한 탄식으로 반복되지 않게 하시고,
마음이 가는 곳에 저희 몸도 함께 가도록,
이 몸을 다스려 살게 하옵소서.

어떤 자리에서도
변명 많은 부끄러운 신앙인 되지 않게 하시고,
일상 속 내 삶의 자리가 곧 예배의 자리가 되는
참용기 있고 진실한 신앙인으로 살게 하옵소서.

예수님 이름으로 기도드립니다. 아멘.

고난주간/ 하나.

사랑과 은총이 가득하신 하나님,

우리 젊은이들이 한자리에 모여
하나님 앞에 머리 숙여 기도하게 하시니 참 감사합니다.

생김새도 다르고
성격도 다르고
관심도 모두 다르지만
젊은이라는 같은 이름을 갖게 하시고
젊음의 특권을 누리게 하시니 또한 감사합니다.

우리로
고요한 가운데 이곳에 불러 주신
당신의 뜻 깨달아 알게 하시고
그로 인해 감격하게 하옵소서.

고난주간을 맞이하여
우리 젊은이들
예수님의 고난을 생각하며
지금도 고난당하는 세상의 많은 이들을 기억하게 하옵소서.

빈궁에 처하여 고난당하는 이들과
물질의 궁핍함으로
삶 전반이 왜곡당한 이들을 기억하게 하시고,
좀 더 많이 가진 우리들이
그들의 빈궁을 나누어 책임지게 하옵소서.

마음에 상처가 많아
지금도 고통 속에 살아가는 사람들을 기억하게 하시고,
우리 젊은이들이 그들의 이야기를 들어주고
또 위로할 시간과 물질을 내놓을 수 있도록
넉넉한 마음을 허락해 주옵소서.

고난의 현장에 함께하시는 하나님,
저희의 시선이 절망과 고통이 있는 곳에 머물게 하시고
예수님이 지극히 작은 자들의 손을 잡아주시듯,
저희도 아파하는 사람들의 손을 잡게 하옵소서.

나 자신의 사무치는 의로움 때문에
아파하는 친구를 외면하지 않게 하시고,
오히려 참회하는 심정으로
아파하는 친구를 위해 기도하게 하옵소서.

예수님 이름으로 기도드립니다. 아멘.

고난주간/ 둘.

사랑과 은총이 가득하신 하나님,

십자가에서 죽어간 예수님을 통하여
모든 이들에게 값없이 주어진
하나님의 참사랑을 맛보게 하시니 참 감사합니다.

예수님의 십자가 고난을 기억하는 우리,
자신도 잘 모르는 여러 가지 이유로
오늘도 고통 속에 살아가는 사람들을 기억하고 싶습니다.

주어진 의무에 충실하다 고통을 겪는 젊은이들과
사랑하는 사람의 생사를 몰라 애태우며
슬퍼하는 이들이 참으로 안타깝습니다.
하나님 친히 저들을 위로해 주시고,
깊은 절망을 이겨낼 수 있도록 힘을 주옵소서.

늘 우리 자신의 아픔만이 아픔이고,
우리 자신의 고통만이 무거웠던 것은 아닌지
이 시간 돌아보게 하시고,
저희로 타인이 당하는 고통과 고난에 연민을 갖게 하시며,
고난당하는 이들의 곁에
심정적으로 그리고 물리적으로 머물 수 있는
젊은이들이 되게 하옵소서.

우리 자신이
다른 이의 고통의 원인이 되지는 않았는지 되돌아보게 하시고,
나 자신 안에 매몰되어
다른 이들을 내 기준으로 판단하고
사나운 눈빛과 냉담한 표정으로 정죄하며
저들을 고통으로 몰아가진 않았는지 되돌아보게 하옵소서.

우리 젊은이들,
되돌아볼 뿐만 아니라
잘못된 것을 뉘우칠 줄 아는 젊은이가 되게 하셔서
스스로 너그럽고 자유로운 사람들로 살아가게 하옵소서.
다른 이를 자유케 하는
젊은이들이 되게 하옵소서.

예수님 이름으로 기도드립니다. 아멘.

고난주간/ 셋.

사랑의 하나님,

젊은이들이 함께 모여
귀한 성찰의 시간을 갖게 하시니 참 감사합니다.
이 시간을 통하여
삶에 대한 성찰이 이루어지게 하시고,
더욱 성숙한 지성인으로 살아가는 데 도움이 되는
삶의 이정표를 발견하게 하옵소서.

저희로 이천 년 전 먼 나라의 한 청년이
왜 그토록 비참한 죽음을 맞이해야 했는지,
그 죽음이 오늘 우리에겐 어떤 의미가 있는지,
진지하게 물을 수 있게 하시고,
그의 고난과 죽음 후의 부활이
오늘 우리에게 주는 의미는 무엇인지
깨달아 알 수 있도록 지혜를 내려주옵소서.

대학 캠퍼스에서 공부할 수 있게 섭리하신 주님,
이 시간에 주시는 말씀을 통하여
저희에게 새로운 깨달음을 주시고,
그 깨달음에 힘입어
죽어서 사는 반전의 진리를
이 세상 속에서 살아내게 하옵소서.

예수님 이름으로 기도드립니다. 아멘

성령강림절/ 하나.

사랑의 하나님,

하나님 없는 저희 삶의 비참함을 돌아보시어
성령 하나님을 보내 주시니
참으로 감사합니다.

소유욕과 질투로 얼룩진 저희로
인간의 사랑을 넘어서게 하시고,
하나님의 사랑에 감사하며
영원한 사랑을 꿈꾸게 하옵소서.

가족과 이웃과 교회,
그리고 세상을,
마음과 정성 다해 사랑하게 하옵소서.

어떤 상황에서도 변덕 부리지 않고
하늘의 사랑을 이웃과 나눌 수 있게 하소서.
저희가 서로 사랑함으로써
성령 하나님을 느끼게 하옵소서.

이 땅에 존재하는 모든 것이
하나님을 찬미합니다.

모든 피조물을 향해서도
저희가 좋은 이웃으로 살게 하시고,
만물을 통해 저희에게 말 건네시는
그 세밀한 하나님 음성을 깨달아 알게 하옵소서.

햇살, 바람, 별빛, 시냇물,
그리고 바람 소리 가운데
보이고 들려오는 성령 하나님의 움직이심을
민감하게 느끼게 하옵소서.

저희를 위하여
말할 수 없는 탄식으로
오늘도 기도하시는 성령 하나님을 찬미합니다.

어렵고 힘이 들 때,
살다가 지칠 때,
성령 하나님을 가까이 만나는 때라 여겨
위로받게 하시고,
고난이 내게 유익이라는 말씀 가슴에 새겨
어려움 속에서 하나님을 더욱 의지하게 하옵소서.

살면서 만날 수 있는 고난이나 슬픔도
모두 견뎌 이겨내게 하시고
언제나 용감하게 하옵소서.

예수님 이름으로 기도드립니다. 아멘.

추수감사절/ 하나.

사랑과 은총이 가득하신 하나님,

한 해의 끝자락,
추수 감사의 절기를 맞이한 젊은이들을 축복하옵소서.

우리 젊은이들이
직접 농사를 짓지 않아
추수감사절의 의미를 되새기기란 쉽지 않지만,
학업의 농사에서,
젊은 날 인생의 농사에서
올해는 하나님께 무엇을 드릴까 생각하게 하옵소서.

한 해가 이제 곧 저물어 가는데,
올 한 해 주신 은혜에
무엇보다 감사한 마음을 드릴 수 있게 하시고,
그런 저희의 마음을 기쁘게 받아주옵소서.

내가 부자가 되면,
내가 유명해지면,
내가 사랑할 완벽한 사람을 발견하면,
내가 더 많은 친구를 사귀면,
내가 더 매력적인 사람이 되면,
나에게 전혀 단점이 없다면,
나와 가까운 사람이 병들지 않는다면,
또 그들이 죽지 않는다면,
세상이 좀 더 나은 곳이 된다면 나는 행복해지리라.[*]
그리고 내가 행복해지면
그때 나는 감사할 것이다,
이렇게 생각하지 않게 하옵소서.

우리 젊은이들,
감사의 조건을 따져본 후
감사를 입에 올리지 않게 하시고,

---

[*] 안미륵, 『나는 하나의 노래 이곳을 지나간다』 - 아메리카 인디언들의 노래와 기도, 잠언과 축복 중에서.

지금 여기에서
이 상태 그대로 감사할 수 있는
아름답고 넉넉한,
동시에 소박한 마음을 지니게 하옵소서.
아침에 일어나서
하루를 시작할 수 있음을 감사하게 하시고,
먹고 마실 수 있음도 감사하게 하시며,
낮에는 분주한 삶의 즐거움을 감사하게 하시고,
밤이면 지친 몸을 잠자리에 누일 수 있음을 감사하게 하옵소서.

예수님 이름으로 기도드립니다. 아멘.

기념.

광주민주화운동/ 하나.

사랑의 하나님,

이 캠퍼스의 젊음들이 한자리에 모이게 하시니 참 감사합니다.
또한 저희에게 생각할 수 있는 능력을 주시니 참 감사합니다.
이 시간이 저희 자신을 되돌아보며
미래를 꿈꿀 수 있는 시간이 될 수 있기를 간절히 원합니다.
하나님께서 저희와 함께하여 주옵소서.

역사를 주관하시는 하나님,
이 시간 특별히
24년 전 이 땅에서 일어났던 광주민주화운동을 기억합니다.
그 민주화운동 가운데 죽어간 젊은 넋들을 위로하여 주시고,
그들의 죽음이
역사 속에서 헛되지 않았음을
많은 사람들이 기억하게 하옵소서.
그들의 헌신으로 얻어진 민주주의의 발전이
오늘날 젊은이들의 주인의식에 힘입어
거듭 발전할 수 있도록 인도해 주옵소서.

우리 젊은이들이
역사의 발전과
우리가 사는 사회의 진정한 인간화에 기여하는
참여적인 지식인으로 살아가게 하옵소서.
냉소와 냉담으로 사회를 바라보지 말게 하시고,
애정과 열정을 가지고
우리 사회의 문제들과 씨름하게 하옵소서.

예수님 이름으로 기도드립니다. 아멘.

광주민주화운동/ 둘.

사랑이신 하나님,

기억할 것이 많은 오월을 살아가는 젊은이들을 축복하옵소서.
달콤한 기억은 오래 간직하고 싶지만
상처로 얼룩진 기억은 피하고만 싶습니다.

하지만 하나님,
오늘은 우리 젊은이들이
남의 이야기같이 낯설게만 느껴지는 우리의 아픈 역사,
광주민주화운동을 기억하게 하옵소서.

우리마저 기억해 주지 않으면
그들 푸른 희생이 너무 가볍게 묻힐까 두렵습니다.

우리가 누리는 이 평화로움이
누군가의 처절한 자기 버림의 대가임을 알게 하옵소서.
그들의 희생에 고마운 마음을 갖게 하옵소서.

오늘을 사는 우리를 역사는 어떻게 기억해줄지
역사 앞에 겸허한 모습으로
부끄럽지 않은 오늘을 살게 하옵소서.

예수님 이름으로 기도드립니다. 아멘.

이화창립/ 하나.

생명의 주인이신 하나님,

찬란한 오월의 햇살을 주셔서 감사합니다.
이 생명의 기운이 가득 찬 오월,
학교의 생일을 앞에 두고
오늘은 이 학문공동체의 일원이 된 것이 감격스럽습니다.

사랑이신 하나님,
이 땅에 저희 학교를 세워주셔서 감사합니다.
이름 없이 존재감도 없이 살아가던 여인들이
이화를 통하여 이름을 얻게 하시고
한 인격으로 존재감을 얻게 하신
우리 이화의 역사에 대하여 무한한 감사를 드립니다.

126년간 이화를 지켜주시고,
이곳에서 참되고 착하고 아름다운 여성들을
많이 길러내도록 인도하신 하나님 앞에서
자축하는 잔치를 베풀고 싶습니다.
수많은 어려움 속에서도
이화라는 배움터를 지키기 위해 갖은 애를 쓰신
이화의 선생님들에 대한 고마움을 잊지 않는 저희가 되게 하옵소서.

하나님의 은혜로,
선생님들의 헌신으로,
선배들의 열정으로 다져온
기적 같은 이화의 역사를
지금 여기에 머무는 저희가 이어가게 하옵소서.

창립 126주년을 맞이한 저희로
후배들에게
더욱 진실하고 착하고 아름다운 인격을 지닌
더 나아진 학교를 물려주게 하옵소서.
이 배움터를
빼어난 중에 빼어난 학문의 전당으로
그 명성을 이어가도록
이젠 우리가 더욱 열심을 내게 하옵소서.

이화인 되게 하시고,
이화동산에서
이화의 다음 세기를 꿈꿀 수 있도록 인도하신 하나님께 감사드리며,

예수님 이름으로 기도드립니다. 아멘.

이화창립/ 둘.

사랑과 은총이 가득하신 하나님,

한 학기 동안도 저희를 지켜주시고,
이화에서 배우고 또 사귀어 살도록 인도해 주셔서 감사드립니다.

이화가 태어난 5월,
눈부시게 찬란한 5월에
우리 이화인들,
이화의 처음을 기억하게 하소서.

감격이 사라진 오늘날에도
멀고 낯선 땅에 찾아왔던 선생님들의 사랑은
여전히 파격임을 깨닫습니다.

다수가 아니라 한 사람을 더 소중히 여기고,
힘 있고 모든 것을 갖춘 이들보다
병들고 차별받는 사람들을 더 귀히 여기는
아주 특별하고도 진귀한 가치를 일깨우신
선생님들을 보내 주셔서 참 감사합니다.

동시대인들의 생각을 뛰어넘는 안목으로 이화를 지켜내고,
이화를 통해 한국 여성들을 자율과 자립의 삶으로 인도하신
선생님들을 저희에게 허락하신 하나님,
오늘의 이화인들이 이화의 역사를 기억하면서
더욱 빛나는 이화의 역사를 이어갈 수 있도록
우리의 마음이 더욱 단단해지게 하시고,
우둔함을 거두고 지혜롭게 하시며,
참되고 진실하게 살아가며,
진리 앞에 용감하게 하옵소서.

전직 대통령의 죽음으로 온 겨레의 마음이 무겁습니다.
세상에서 수고하다 끝내 눈물 흘린 이를
하나님 곁에서 안식하게 하시고,
사랑하는 사람을 잃은 이들을 위로해 주옵소서.
우리 민족이 고난도 슬픔도 이기게 하시고,
영원에 잇대어 살아가며
이 땅에서 하늘의 평화를 누리게 하옵소서.

예수님 이름으로 기도드립니다. 아멘.

스크랜튼 선생님을 기억하며.

사랑의 하나님,

오늘도 우리 젊은이들이 대강당에 모여
하루를 시작할 수 있도록 인도해 주셔서 감사합니다.
고요한 가운데 머물며,
천천히,
그러나 꾸준하게,
자신을 연마할 수 있는 힘을 내려주옵소서.

오늘 무용채플을 통하여
다시 한번 이화의 처음을 기억하게 하시고,
스크랜튼 선생님의 고귀한 삶과 숭고한 뜻을 기리게 하옵소서.*

---

* 메리 F. 스크랜튼(Mary Scranton, 1832-1909)은 미국기독교감리교회 선교사로 이화여자대학교와 이화여자고등학교의 전신인 이화학당의 창설자다. 학교 설립 후 수원·이천·여주 등지에서 선교 사업과 여성 교육에 힘쓰다가 한국에서 세상을 떠났다. 한국 여성 신교육의 효시를 이루었다.

스크랜튼 선생님을 통하여
우리나라 여성들이
새로운 삶의 길로 초대받게 해 주셔서 감사합니다.
이제는 이 나라를 넘어
전 세계 여성들의 삶의 질을 높이는 데 기여할 수 있는
우리 대학이 되게 도와주시고,
이곳에서 교육받은 젊은이들이
사랑과 봉사와 헌신의 기독교 정신을 실현하며
살아가게 하옵소서.

우리의 기억과 감사가
머리만이 아니라 온몸으로 이루어지게 하옵소서.
이 무용채플을 위하여
참으로 많은 학생들이 헌신했습니다.
선생님과 학생들,
뒤에서 수고한 많은 이들,
그들의 노고를 위로해 주시고,
그들의 몸으로 드리는 이 예배를 기쁘게 받아주옵소서.

무용채플에 참여한 이화인들이
무대에서 춤을 추는 이화인들과 하나가 되는
신비함을 맛보게 하시며,
이로써 우리 이화인 모두가
작은 스크랜튼이 되는 꿈을 꾸게 하옵소서.

예수님 이름으로 기도드립니다. 아멘.

에드먼즈 선생님을 기억하며.

사랑과 은총이 가득하신 하나님,

이처럼 맑은 날을 저희에게 허락하시고
이화동산에 함께 모여
마가렛 에드먼즈 선생님을 기억하게 해 주셔서 참 감사합니다.*

140년 전,
한 아름답고 지혜로운 사람,
에드먼즈 선생님을 세상에 보내 주시고,
그이로 하여금
여기 이화에서 특별한 역사를 시작하게 하신
하나님의 섭리에 감사드립니다.

낯선 곳 조선에서 의료선교를 펼쳤던 에드먼즈 선생님,
그에게 선교지 어려운 이들의 필요를 정확하게 꿰뚫어 보았던
통찰력과 실행력을 허락하시고,
그로 하여금 하나님의 섭리 따라 용기 있게
헌신의 삶을 살도록 인도해 주심도 감사합니다.

---

* 마가렛 에드먼즈(Margaret J. Edmunds)는 미국감리교선교회에서 한국의 여성과 아동에게 의료와 복음 전파를 위해 파견하였는데 서울 정동에 세운 보구여관에서 1903년 12월 한국 최초의 간호교육과정을 실시하고 1930년에 교육이 중단되기까지 60명의 간호사를 배출하여 한국 간호교육의 효시를 이룬 미국 간호사/선교사이다.

역사를 주관하시는 하나님,
그분의 숭고한 삶 덕분에
얼마나 많은 사람들이 도움을 받았는지요!
당신의 섭리가 놀랍기만 합니다.

이곳에 모인 모든 이들로
에드먼즈 선생님을 오래도록 기억하게 하시고,
한 진실하고 착하고 아름다운 사람이
얼마나 특별하고 아름다운 역사를 일구어낼 수 있는지를
다시금 깨닫게 하시며,
혜안을 지닌 한 사람의 작은 시작이
얼마나 큰 변화를 가져올 수 있는지를
진지하고 겸허한 마음으로 바라보게 하옵소서.

사랑이신 하나님,
저희로 지금까지의 성취에 자족하지 않게 하시고,
에드먼즈 선생님의 숭고한 정신을 이어받아
우리를 필요로 하는 곳곳에서
작은 에드먼즈로 살아가게 하옵소서.

간호교육의 역사에서 처음이며
그리고 수월한 자리에 서 있는
우리 이화의 간호과학과를 축복하셔서
이곳에서 교육받은 많은 이들이
돌봄이 시급하게 필요한 많은 이들을
오늘 치유하고 지금 회복시키는 일에
탁월한 전문성과 훌륭한 인품으로 투신하게 하옵소서.

하나님 친히
오늘 이 자리에 함께하셔서
가르치는 교수님들과 배우는 학생들,
그리고 활동하는 동창들 모두가
한 마음으로 에드먼즈 선생님의 탄생 140주년을 축하하며,
옛일을 돌아보고
간호과학의 보다 나은 내일을 내다보는
뜻깊고 즐거운 잔치 자리가 되게 하옵소서.

이 일을 준비한 모든 이들을 위로하시고
오늘 이 자리에 참석한 모두에게
평생 잊지 못할 감격과 다짐의 자리가 되게 하옵소서.

예수님 이름으로 기도드립니다. 아멘.

평생교육원의 기념행사에서.

인간의 삶과 시간을 주관하시는 하나님,

오늘도 저희에게 생명을 허락하시고
이웃과 더불어 살아가게 하시니 무한 감사합니다.

또한 배움의 기회를 허락하시고,
가르치고 일하며 살아가게 하시니 참 감사합니다.

오늘 우리는,
당신의 특별한 섭리 가운데 세워진 이화가
이 땅 여성들의 기나긴 삶의 여정을
배움으로 인도하는 평생교육원에서
유아교육 최고경영자 과정을 시작한 지
다섯 해가 되는 일을 기념하여
한자리에 모였습니다.

이 귀한 과정을 시작하게 하시고
지금까지 이끌어주신 하나님의 은혜에
감사와 영광과 찬양을 돌립니다.

이 과정을 통하여
인간사의 가장 크고 중요한 일인 교육의 첫걸음
곧 유아교육을 책임지는 전문가들과 경영자들을
배출하게 하시고
교육자요 교육행정가로서의 역량을 발휘할 수 있도록
친히 인도해 주심도 감사드립니다.

이 과정을 수료한 많은 동량들이
세상을 움직이시는 하나님의 귀한 경륜 본받아
이 땅 유아교육의 현장을 더욱 발전시켜 나가게 하옵소서.

세상을 유익하게 하는 많은 일들이 있지만,
그중에서도 이 과정에 참여한 분들을 택하시어,
사회교육의 첫걸음을 떼는 유아교육에 몸담게 하시고,
한국 사회 유아교육의 미래를
여기 이 과정에서 공부한 인재들의 손에 맡겨주시니 감사합니다.
하나님께서 이들의 올바르고 지혜로운 노력의 길에
늘 동행해 주옵소서.

이 과정을 통하여
이화가 지향해 온 참인간을 위한 기독교적 가치가
세상에 널리 전파되게 하시고,
유아교육의 터전에 새로운 씨앗이 뿌려지게 하옵소서.

그동안 이 과정을 개설하고 이끌어 오신
평생교육원의 원장님과 선생님들의 노고를
일일이 위로해 주시고,
많은 일들 속에서도 피곤하여 지치지 않도록
늘 인도해 주시며 새로운 힘을 주옵소서.

지난 시간을 기억하고
오늘을 축하하며
미래를 다짐하는 이 자리에
하나님 친히 함께하여 주셔서
이 자리에 참석한 모든 이들에게
귀하고 복된 시간 되도록 인도해 주옵소서.

예수님 이름으로 기도드립니다. 아멘.

잔치.

봉사동아리 잔치에서.

사랑의 하나님,

청명한 가을날을 허락하시고,
이화의 봉사동아리가 함께 모여
얼굴을 마주 대할 수 있도록 인도해 주셔서 감사합니다.

서로 모습과 생각은 다르지만,
각자가 처한 상황과 관심도 다르지만,
캠퍼스 한 울타리 안에서 생활하며,
미래를 꿈꿀 수 있도록 기회 주시니 참 감사합니다.

지금 여기,
캠퍼스에서 저희가 해야 할 일을 하게 하시고,
배워야 할 것을 배우게 하옵소서.

학교의 처음 선생님들이 하셨던 것처럼
저희도 도움이 필요한 누군가를 돕는 이웃이 되게 하시고,
시간과 물질, 귀 기울임과 관심을
그들을 위해 남겨두게 하옵소서.

저희에게 내미는 타인의 여윈 손을
기꺼이 잡아주는
여기 모인 젊은이들을 축복하옵소서.

남을 제대로 사랑하기가,
또한 타인을 제대로 섬기기가 얼마나 어려운지요.
저희 자신을 기꺼이 내어주었다는 그 사실조차
기억하지 않게 하시고,
대가를 바라는 마음으로
시험에 들지 않게 하옵소서.

우리의 젊은이들
다른 이를 위해 애쓰다가
상처받거나 지치지 않게 하시고,
허탈한 마음이 들지 않게 하옵소서.
하늘로부터 내리는 힘에 의지해서
더욱 굳건하게
옳은 길, 참된 길, 착한 길, 아름다운 길
걸어가게 하옵소서.

자신의 이익을 위해 친구를 사귀고
자신의 이익을 위해 세상을 살아가는 이때에
오늘 당장의 이익을 생각하지 않는
여기 모인
참 보기 드문 아름다운 사람들을 축복하옵소서.
이들에게
마음의 평안,
잔잔한 기쁨,
삶에의 열정,
굳은 의지,
일한 보람을
선물로 가득 부어주옵소서.

예수님 이름으로 기도드립니다. 아멘

동문잔치/ 하나.

사랑과 은총이 가득하신 하나님,

이 자리에 모인 이화인 한 사람 한 사람,
하나님의 뜻 가운데 태어나게 하시고,
건강한 몸으로 살아가도록 인도해 주셔서 감사합니다.

안정된 일터를 주시고
보람을 맛보며 일하게 하시니 참 감사합니다.

세상을 살아가면서
날마다 즐겁고 행복한 것만은 아니지만,
견뎌낼 수 있는 힘을 주시고,
또 순간순간 잔잔한 기쁨을 얻게 하심도 감사합니다.

오늘은 특별히
기업에서 일하는 이화의 동창들이,
서로를 격려하고 지지하는 흐뭇한 잔치 자리에 함께 모였습니다.

우리 삶에서 가장 눈부시던 때,
이화동산에 머물게 하신 하나님의 섭리에 다시 감사를 드립니다.
이화동산에서 여성의 참가치에 눈 뜨게 하시고,
참여적인 여성으로 훈련받게 하심도 감사합니다.
시대를 뚫고 나아간 많은 선배들을
우리 삶의 모범으로 주셔서
저희로 두려움 없이 세상과 마주 대하게 해 주심도 감사합니다.

이곳에 함께한 이화인들이
각자가 속한 직장에서
이화인의 참다운 가치를 실현하게 하시고,
지혜롭게, 그리고 지속적으로 변화를 추구하게 하옵소서.
경직된 경쟁 위주의 조직을
칭찬과 격려가 가득한 살림의 문화가 깃든 곳으로
바꾸어 가게 하옵소서.

우리 이화인들,
언제 어디서나 그 누구보다도,
막힌 담을 허물고,
민주적인 소통을 이끌어내는,
협동적인 리더십을 발휘하게 하옵소서.

이화인들이 참여하는 곳 어디서나
여성적 가치가 실현되게 하시고,
이화인들이 가는 곳곳마다
진선미(眞善美), 이화의 가치가 꽃피게 하옵소서.

여기에 모인 이화인들,
변화를 향한 뜨거운 열망으로 서로 교류하게 하시고,
세상을 보다 아름답고 살만한 곳으로 만들기 위해
뜻과 힘을 합하여 연대하게 하옵소서.

이곳에 모인 이화인들은 기업에서,
이화동산에 머무는 이화인들은 학교에서,
또 다른 동창 이화인들과 더불어 애쓰고 수고하여,
이화의 수월(秀越)함을 드높이게 하옵소서.

이화가 추구하는
사랑과 희생과 봉사의 탁월한 가치가 펼쳐지게 하시고,
이화인들의 애씀이
그늘진 세상에 새 빛과 힘을 불어넣는 활력이 되게 하시며,
이화인들의 하나 됨이
세상을 환하게 건져 올릴 튼실한 그물 되게 하옵소서.

오늘 즐거운 잔치 자리에
하나님 친히 함께하여 주셔서
이화인들의 신뢰와 사랑이 더욱 깊어지게 하옵소서.

예수님 이름으로 기도드립니다. 아멘.

동문잔치/ 둘.

사랑과 은총이 가득하신 하나님,

한 달 남짓 남은 올 한 해도
어렵고 힘든 일 가운데,
기쁘고 또 즐거운 일 가운데,
지켜주신 하나님 은혜 감사드립니다.

하나님이 사람이 되어 오시는 거룩한 절기에
가까운 곳이나 또 멀리서 찾아온 디자인대학원 동창들과
반가운 이화의 벗들이
한 자리에 모일 수 있도록 인도하심도 감사드립니다.

이곳에 모인 이화의 디자이너들이
각자 전공 분야는 서로 다르지만,
한 마음으로 한곳을 바라보며,
진실하고 선하고 아름다운 이화정신을,
그들이 지닌 남다른 재능을 통해 구현하게 하옵소서.

이화의 동창들은
이화의 정신을 따라
아름다움을 구현할 때도
세상의 후미진 곳,
중심부로부터 버려진 사람들에 대한 관심을 놓지 않게 하옵소서.

각자의 일터에서
사랑과 봉사와 헌신의 이화정신을 실현하며 살아갈 때
하루하루가 의미와 보람으로 가득 차게 하옵소서.

모든 것이 디자인인 세상,
디자인이 모든 것인 세상에서,
오늘 이곳에 모인 디자이너들로
세상을 보다 아름답게 만드는 하나님의 동역자가 되게 하옵소서.

오늘 이 자리에 하나님이 함께하여 주셔서
오랜만에 만난 반가운 얼굴들과
하나의 공동체로 거듭나게 하시고,
하나 된 공동체가
지난 일들을 되돌아보며 또한 새 일을 도모하게 하옵소서.

앞에서 끌어주고 뒤에서 밀어주며,
애정 어린 충고와 따뜻한 격려가 있는,
진지한 교류와 연대의 시간이 되게 하옵소서.

또한 이화에서의 처음 시간을 기억하며
본래 마음을 회복하는 흥겨움으로 가득한
귀한 잔치 자리가 되게 하옵소서.

예수님 이름으로 기도 드립니다. 아멘.

동문잔치/ 셋.

사랑과 은총이 가득하신 하나님,

이곳에 모인 한 사람 한 사람,
하나님의 뜻 가운데 태어나게 하시고,
이화에서 공부하며 이화인 되게 해 주셔서 참 감사합니다.

하나님이 사람으로 이 땅에 오시는 거룩한 절기에,
이화 대학원동창회 40주년을 맞이하여,
같은 울타리에서 공부한 대학원 동창들이 함께 모여 축하하고,
오랜만에 반가운 얼굴들을 마주하게 하신 은혜 또한 감사드립니다.

여기 모인 동창들이
한자리에 모여 옛일을 되돌아보고,
의미 있는 앞일도 도모할 수 있도록 인도해 주옵소서.

이곳에 모인 대학원 동창들이 각자 연구하는 분야는 달라도,
세상을 바라보는 다양한 시선이 한곳에 머물게 하시고,
모두가 자신의 영역에서
참되고 착하고 아름다운 이화의 정신을
세상에서 구현해 나가게 하옵소서.

이화에서 학문을 연마한 사람들로 하여금
이화의 처음을 늘 기억하게 하셔서,
작고 연약하고 보잘것없는 사람과 사물들에
마음과 주의를 기울이게 하옵소서.
버려진 사람, 잊혀진 사물들에 대한 세심한 관심이
이화 학문공동체의 정체성을 확고히 하도록 인도하옵소서.

세상에 학문의 터전 많이 있지만,
우리 이화 학문공동체로 탁월한 연구역량을 갖추게 하시고,
세상의 큰 흐름과 쉽게 타협하지 않는
독특한 관점을 지니게 하옵소서.

이러한 연구의 관점으로
세상의 주변부에 놓인 많은 사람들의 삶의 여건을 개선하는 데
지속적인 도움이 되게 하옵소서.

오늘 저희에게 허락하신 동창회 40주년을 축하하는 자리에 오시어
오랜만에 어머니 이화와 마음껏 소통하는 귀한 잔치 자리 되게 하시며,
선후배 함께 모여
앞에서 끌어주고 뒤에서 밀어주며,
애정 어린 비판과 따뜻한 격려로 복된 자리 되게 하옵소서.

오래전 이화에서 다짐했던 처음 마음을 회복하는,
의미와 보람으로 가득한 시간 되게 하옵소서.

예수님 이름으로 기도드립니다. 아멘.

동문잔치/ 넷.

사랑과 은총이 가득하신 하나님,

하나님이 사람이 되어 오시는 이 거룩한 절기에
이화의 언론홍보영상학부 가족들과 친구들을
한 자리에 불러 주셔서 참 감사합니다.

이 시간 저희와 함께하셔서
이 자리로 사랑과 신뢰가 넘치는 자리 되게 하옵소서.

오래전에 이화를 세워주시고,
이화 신문학과를 통해
언론인들을 길러내게 하신 하나님께 감사드립니다.

지나온 날들이
모두 하나님의 섭리 가운데 있었음을 고백합니다.

시대의 요청에 부응하여
언론홍보영상학부로 변화 발전토록 인도하시고,
그 50년의 역사를 기억할 수 있도록
책을 발간케 하심도 감사합니다.
이 모든 일, 하나님께 다시 감사드립니다.

저희로 이 자리에서 지난 날을 돌아보고,
앞날을 내다보게 하시며,
사람과 사람을 매개하는 일에 충실하고 진실한
언론 전문인들을 배출한다는 의지를 다시 다짐하게 하옵소서.

이 자리에 참석한 모든 이들과 동행하셔서,
사랑과 봉사와 헌신의 이화정신을 기리며,
보다 진실하고,
보다 선하고,
보다 아름답게 세상을 변화시킬 수 있는
이타적인 삶을 살아가게 하옵소서.

오늘
하나님께서 이 자리의 주인 되어주셔서
언론홍보영상학부의 역사를 되새기는
귀한 잔치 자리가 되게 하시고,
이화의 언론인들이 함께 연대하는
특별한 결속의 자리가 되게 하옵소서.

예수님 이름으로 기도드립니다. 아멘

평생교육원 작품전시회에서.

세상 만물을 지으시고 주관하시는 하나님,

오늘도 저희에게 맑은 새날을 허락하시고
당신의 피조세계에서 살아갈 수 있도록 인도하시니 참 감사드립니다.

온 누리에 주님의 은총이 가득합니다.
푸른 하늘도,
날로 푸르러 가는 녹음도,
모든 어두운 것과 눅눅한 것을 몰아내는 강렬한 태양 빛도
모두 주님의 은총입니다.
주님의 은총으로 저희를 풍요롭게 하시니 감사드립니다.
이 세상을 향한 하나님의 오묘한 섭리를 찬양합니다.

오늘은 특별히
주님께서 우리 피조세계에 주신
가장 아름다운 선물인 꽃으로 예술 활동을 하는
꽃 예술최고지도자과정의 잔칫날로 모였습니다.

인간이 아무리 아름다운 것을 짓는다 하여도
하나님의 솜씨만 하겠습니까.
세상의 더없는 부귀와 영화를 누렸던 솔로몬의 옷보다도
더 아름다운 피조물이 꽃입니다.
이렇게 아름다운 꽃을 저희의 손에 붙여주시고,
하나님의 창조역사에 동참하게 하여주신 은혜를 감사드립니다.

세상의 모든 사람들에게 나름의 재능을 주신 하나님,
여기 모인 당신의 일꾼들에게 남이 갖지 못한
예술적인 재능을 주신 것을 감사드립니다.
이들이 받은 재능으로
더욱 열심히 활동할 수 있도록 도와주시고,
이들이 꽃 예술작품 활동을 하는 곳에서
하나님의 창조의 아름다움이
더 빛을 발하는 역사가 일어날 수 있도록
주 성령께서 늘 함께하여 주시옵소서.

이 과정에 몸담고 수련하는 동안
고되고 어려운 일도 있었을 줄로 압니다.
하나님께서 일일이 위로해 주옵소서.

이제 이 과정을 마친 당신의 일꾼들이
세상에서 많은 이들을 가르칠 때에도
늘 함께해 주시고
훌륭한 지도자의 길을 가도록
늘 인도해 주옵소서.
이들의 앞길에
하나님께서 무한한 축복을 내려주옵소서.

이 과정을 준비하고 돌보는
평생교육원의 원장님과 선생님들에게도
강건함을 허락하여 주시고,
많은 일 속에서 피곤하여 지치지 않도록
늘 새 힘을 주시옵소서.

사랑이신 하나님,
여기 꽃 예술작품을 모두 하나님께 드립니다.
기쁘게 받아주시옵소서.

예수님 이름으로 기도드립니다. 아멘.

始終.

학술대회를 열며.

사랑과 은혜가 풍성하신 하나님,

이곳에 모인 이들을
하나님의 섭리 가운데 세상에서 불러 주시고
저마다 적절한 곳에서
의욕적으로 일하게 하시니 참 감사합니다.

이렇게 좋은 날,
이화경영연구소가 서비스 품질과 사회발전을 주제로
학술 심포지엄을 개최합니다.

여성 경영인력 육성에 박차를 가하고 있는 이 연구소에서
사회와 국가와 세계에 이바지할
많은 여성 인재들을 길러내게 하옵소서.

온 세상을 경영하시는 하나님,
이 자리에 모인 하나님의 사람들이
하나님의 섭리 본받아 세상을 경영하게 하시고,
인간의 삶의 질을 높이는 데 기여하게 하옵소서.

또한
하나님의 형상을 따라 지음 받은 존귀한 인간이
보다 나은 세상에서
보다 인간다운 삶을 살아갈 수 있도록
세상의 틀을 바꾸는 일에 힘을 보태도록
우리 모두를 하나님의 도구로 사용해 주옵소서.

오늘 이 학술 심포지엄에 참여하는 모든 이들에게
특별히 의미 있고 유익한 시간 되게 하시고,
이 모임을 준비하느라 바쁜 시간 보냈을 수고한 이들에게
타인의 편리함과 쾌적함을 위해 흘린 땀이
가슴 뿌듯한 보람으로 다가오게 하시며,
하늘로부터 임하는 위로와 평안을 체험하게 하옵소서.

예수님 이름으로 기도드립니다. 아멘.

어느 교육과정의 입학식에서.

사랑과 은총이 가득하신 하나님,

이곳에 모인 한 사람 한 사람
하나님의 뜻 가운데 세상에 태어나게 하시고,
건강한 몸과 마음으로 살아가게 하셔서 감사합니다.
나름대로 보람을 느끼는 일 할 수 있도록
인도해 주심도 감사합니다.

세상의 문제들을 직시하며,
미래를 준비할 수 있는
부지런함과 예지력을 허락해 주셔서 또한 감사드립니다.

여성리더의 산실인 이화와 인연을 맺게 해 주시고
새로운 도약을 예비해 주셔서 감사드립니다.

오늘은 이화의 통일여성최고지도자과정에 입학하여
한반도의 평화통일을 준비하려고 다짐하는 날입니다.

이곳까지 오게 된 것은
하나님의 뜻과 섭리 가운데 이루어진 일임을 고백합니다.
이곳에서 나 자신의 선입견과 편견은 모두 깨어지게 하시고,
보다 넓은 눈으로 우리 사회와 통일의 문제를 바라보게 하옵소서.
이곳에서 민족과 사회구성원의 화해를 위하여 일 할 것을
다짐하게 하시고,
평화를 위하여 협력하는 일의 아름다움을 깨닫게 하옵소서.

보람된 배움의 과정에서 유종의 미를 거두게 하시고,
여기 모인 통일 여성 지도자들이
한반도의 새날을 여는 평화의 일꾼으로 거듭나게 하옵소서.

함께 배우는 동학들과 더불어
즐겁고 따뜻한 시간 가꾸게 하시고,
서로를 격려하고 연대하는
여성의 저력을 키우는 시간이 되게 하옵소서.

오늘부터 시작하는 12주간의 교육에 참여하게 될 때에
일상의 무게에 짓눌려 힘들고 어려운 일도 있을 줄 압니다.
때를 따라 힘주시고 위로해 주셔서
전 과정을 무사히 마치게 하시고,
배움에서 큰 보람 얻게 축복해 주옵소서.

예수님 이름으로 기도드립니다. 아멘.

식탁 앞에서.

사랑이신 하나님,

이 땅에서 먹고 마실 때마다
하늘의 주님을 기억합니다.

오늘 우리로
귀하고 특별한 만남 갖게 하시고,
이 자리에서 함께 만나
한 상에 둘러앉아 먹고 마실 수 있도록
인도해 주심에 참 감사합니다.

하늘과 땅의 주인이신 하나님께서
오늘 이 식탁의 주인 되어주셔서
우리가 함께 식사 나눌 때에
서로에 대한 신뢰와 사랑이 깊어지게 하시고,
영과 육 모두 새 힘을 얻어
하나님 나라를 위하여
그리고 돌봄이 필요한 많은 이들을 위하여
착하고 아름다운 일을
더욱 열심히 도모하며
진실하게 살게 하옵소서.

저희에게 베푸신 모든 것에 감사드리며,

예수님 이름으로 기도드립니다. 아멘.

대학원 신입생 오리엔테이션에서.

사랑과 은총이 가득하신 하나님,

이곳에 모인 한 사람 한 사람
하나님의 뜻 가운데 이 세상에 오게 하시고
각자의 역할대로 살아가게 하시니 감사합니다.

우리로 이화의 통번역대학원에 모이게 하시고
이곳에서 머물며 학업을 계속하게 하신 것 또한 감사합니다.
이 모든 것이 하나님의 섭리 가운데 이루어졌음을 고백합니다.

이화에 머물면서
하나님께서 저희를 이화에 불러 주신 그 뜻을 깨달아 알게 하옵소서.

오늘은 통번역대학원 신입생 오리엔테이션으로 모였습니다.
모든 시작은 누구에게나 어렵고 힘들지만
하나님의 돌보심과 인도하심으로
어려운 고비를 넘어갈 수 있기를 간절히 원합니다.

이곳에 함께한 통번역대학원의 신입생 모두,
낯설음과 긴장감이 지나치지 않게 하시고
평안하여 자신의 능력을 마음껏 발휘하고
보람을 찾을 수 있도록 도와주옵소서.

전문지식을 전수하고 삶의 모범을 보여주실 선생님을 만나게 하시고,
비판과 따뜻한 조언을 들려줄 선배들도 만나게 하시며,
고달픈 학문의 길에서 서로 의지할 수 있는
친구들도 만나게 도와주옵소서.
또한 이곳에서
저들 인생에 특별한 기쁨과 보람을 얻을 수 있도록 인도해 주옵소서.

오늘 이 자리에 함께 한 모든 이들에게
의미로 가득 찬 시간을 허락하시고
참석한 모든 사람이 서로 교통하는 시간 되게 도와주옵소서.

예수님 이름으로 기도드립니다. 아멘.

대학 신입생 행사에서.

사랑과 은총이 가득하신 하나님,

저희에게 봄날을 허락하시고,
이화에서 인생의 봄날을 맞이할 수 있도록 인도해 주셔서
참 감사합니다.

우리 이화 동산에
멋진 새내기들을 보내 주시어,
12학번 새내기들과 함께
이화의 역사를 새롭게 써나갈 수 있도록
기회를 허락하셔서 또한 감사합니다.

이곳에 모인 조형예술대학의 새내기들
한사람 한 사람에게 함께하여 주셔서
이화에서의 하루하루가
의미 있고 보람되게 하옵소서.

이곳에서 꿈을 꾸며 미래를 준비하며
자신의 꿈을 향하여 한 걸음씩 나아가게 하옵소서.

오늘은 특별히
우리 조형예술대학의 커리어 캠프로 모였습니다.
하나님께서 이 자리에
우리 이화인들과 함께하셔서
이 모임이 어리둥절한 우리 새내기들의 새벽길을 환하게 비춰주는
밝은 빛이 되게 하시고,
보람된 대학 생활을 위한 친절한 안내자가 되게 하옵소서.

현명한 사람은 모든 것으로부터 배운다는 지혜의 말씀에 힘입어,
이 자리에 모인 이화의 조형예술 학도들 모두가
이 자리에서 제공되는 모든 정보를 현명하게 받아들여
더욱 지혜롭게 자신의 삶을 준비하게 하옵소서.

자신이 진정 원하는 일이 무엇인가 고민하게 하시고,
바로 그 원하는 일을 하면서 살아가기 위해
한 걸음씩 나아가게 하옵소서.

이 과정을 준비한
선생님들의 노고를 위로해 주옵소서.
후배 사랑하는 뜨거운 마음과 열정으로 준비한 이 프로그램을
나의 자양분 삼아 부쩍 성숙해 가는 새내기들을 바라보며
수고한 보람을 얻게 하옵소서.

늘 가까운 곳에서 우리 이화인들을 지켜봐 주시고 인도해 주심에
감사드리며,

예수님 이름으로 기도드립니다. 아멘.

평생교육원 수료식/ 하나.

사랑과 은총이 가득하신 하나님,

이곳에 모인 한 사람 한 사람,
하나님의 뜻 가운데 태어나게 하시고,
건강한 몸과 마음으로 일하며 살아가게 하시니 참 감사합니다.

배움을 향한 열정 주셔서
오늘 이 자리에 있게 해 주심도 감사합니다.
우리 삶의 여정을 여기까지 이끌어주신하나님께
감사와 영광과 찬양을 돌립니다.

오늘은 특별히
이화 강동 여성아카데미의 수료식으로 모였습니다.
시시각각으로 변화하는 세계 속에서
여성이 삶의 참된 주인으로 살기 위하여
배우고 또한 깨닫는 일은
참으로 소중한 일인 줄 압니다.

이 교육과정을 통하여
더욱 주체적이고 자율적으로 살아갈 수 있는 용기 주시고,
미래를 전망할 수 있는 안목을 허락해 주셔서 감사합니다.

오늘 이 과정을 수료하는 모든 이들을
하나님 축복하셔서
가정과 일터에서 또 지역사회에서 일할 때에
시대적 감각을 지닌 탁월한 리더십을 발휘하게 하옵소서.

일상의 삶에 얽매여
그간의 과정이 쉽지 않았습니다.
이 과정을 수료하는 모든 분들을 위로해 주시고
이곳에서의 경험을 바탕으로
한 단계 더 도약하는 삶을 살게 하시며,
새로운 일에 도전하는 용기도 지니게 하옵소서.

이곳에서 만난 동학들과 같은 곳을 바라보며,
서로의 발전과 행복을 빌어줄 수 있는
끈끈한 평생 친구 되게 하시고,
많은 사람들과 더불어 소통하고 공감하며,
보다 인간다운 세상을 만들고
어려운 사람들의 삶의 여건을 개선하는 일에
마음과 힘을 합하는 아름다운 공동체 되게 하옵소서.

여성 교육의 산실인 이화와 맺은 연이
앞으로 지속되게 하시어,
이화라는 이름의 지식의 샘물에서
마음껏 생수를 마시게 하옵소서.

오늘 이 자리에
하나님께서 친히 함께하셔서
서로의 앞날을 축복하고 미래를 다짐하는
귀한 잔치 자리가 되게 하옵소서.

예수님 이름으로 기도드립니다. 아멘.

평생교육원 수료식/ 둘.

사랑과 은총이 가득하신 하나님,

이곳에 모인 모든 이들이
하나님의 뜻 가운데 세상에 나서,
건강한 몸과 마음으로 일하며 살아가게 하시니 감사합니다.

또한 배움을 향한 열정 주셔서
오늘 이 자리에 있게 해 주심도 감사합니다.

우리 삶의 여정을 여기까지 이끌어 주신 하나님께
감사와 영광과 찬양을 돌립니다.

오늘은 특별히
이화 역사문화아카데미 최고지도자 과정의 수료식으로 모였습니다.

시시각각으로 변화하는 세계 속에서
우리의 정체성을 찾아 확인하고
우리 역사의 주인으로 살기 위하여
과거 역사를 되돌아보는 일은 참으로 소중한 일인 줄 압니다.

우리로 이 교육과정을 통하여
지나온 역사를 교훈 삼아 오늘을 잘 살아내고
또한 미래를 전망할 수 있는 안목을 갖게 하심 참 감사합니다.

오늘 이 과정을 수료하는 모든 분들에게
하나님 친히 축복하셔서
가정과 일터에서
또 지역사회에서 일할 때에
역사적 지식과 문화적 감각을 지닌
탁월하지만 겸손한 리더십을 발휘할 수 있도록 도와주옵소서.

일상의 삶에 얽매여
그간의 과정이 쉽지 않았을
수료하는 모든 이들을 위로해 주시고,
이곳에서의 경험을 바탕으로
이후로도 지속적인 진보를 꿈꾸는 삶을 살게 하시고,
어려운 일에 도전하는 용기도 지니게 하옵소서.

이곳에서 만난 동학들과 같은 곳을 바라보며
서로의 발전과 행복을 빌어줄 끈끈한 친구 되게 하시고,
나라와 민족의 문화와 역사를
새롭게 창출하는 일에 꾸준히 연대하게 하옵소서.

진정으로 인간적이고
실제로 세계적이며
본질적으로 창의적인
이화공동체와의 인연을 계속하게 하시고,
이화 지식의 샘물에서 마음껏 생수를 공급받게 하옵소서.

오늘 이 자리에 하나님 함께하여 주셔서
서로의 앞날을 축복하고
우리의 보다 나은 미래를 설계하는
귀하고 복된 잔치 자리가 되게 하옵소서.

예수님 이름으로 기도드립니다. 아멘.

저자 후기.

여기 모아 엮은 기도문은 이화여자대학교의 채플과 행사들에서 드린 기도들이다. 문학적 가치나 신학적 가치가 높아서 모은 것은 아니다. 다만 비(非)종교화된 오늘의 세계 속에서, 특히 기독교가 외면당하는 이 시대를 살면서, 동시대인들 특별히 젊은이들과의 소통(疏通)을 염원하며 드린 기도문들이기에 여기 모았다. 또한 기독교의 의례나 기도가 낯설 수밖에 없는 캠퍼스 내 여러 행사들에 참여하면서, 나름대로 그 시간을 신앙적으로 의미 있는 순간으로 만들려는 이화여대 교목의 투박한 흔적들을 담아 놓았다.

학부 학생들을 대상으로 하는 채플은 일주일에 일곱 번이다. 요일마다 오전 시간은 채플에 참석하고, 오후 시간엔 전공 수업을 진행해야 하고, 여러 행사에 참석해서 기도도 해야 한다. 점심 먹을 여유조차 없는 날도 있었다. 그래도 수업 준비는 해야 한다. 전공 서적도 읽어야 하고, 논문도 써야 한다.

그래도 채플에서 기도 순서를 맡은 전날 밤에는 조용히 앉아 다음 날의 예배를 마음에 그리며 기도문을 썼다. 많이 고단한 낮을 보낸 밤에는 다음 날 채플을 위해 기도를 준비한다는 것 자체가 쉽지 않았다. 기도를 구상하는 시간에 새로 나온 전공 서적을 한 자라도 더 빨리 읽고 싶다는 생각이 들 때도 있었다. 기도문을 적어 내려갈 때면 전공 논문을 한 편 더 쓰고 싶다는 생각이 들 때도 많았다. 그럴 때면 입을 열기만 하면 라디오를 켜듯 거의 자동으로 나오는 기도를 드리고 싶다는 유혹을 받기도 했다. 이렇게 정성 들여 적은 기도문 말고 몇 자 적은 메모지를 들고 가자, 아니 그냥 강단에 올라가 나오는 대로 기도하자는 유혹의 소리도 들렸다. 하지만 그 모든 불평과 유혹을 물리치고 나는 채플 전날 밤 가만히 앉아 기도 전문을 적어 내려가는 방식으로 정성을 기울였다. 기도하는 이들 모두가 나름의 방식으로 정성을 들이겠지만.

독일에서 박사학위를 취득한 후 귀국해서 목사안수를 받던 날, 꼭 대학이 아니어도 내가 필요한 곳, 나를 보내시는 곳이면 어디든 가서 무슨 일이든 하겠노라고 결의에 찬 기도를 올렸었다. 감사하게도 그 기도의 응답은 모교의 교목, 그리고 교수 자리였다.

스스로 자신의 무능과 약함을 고찰하는 데서 생기는 슬픔이 겸손이라 했던가!

막상 교목이 되고 나니 지금껏 채플을 유지해 온 선배 교목들이 존경스러웠다. 선배들이 만들어 놓은 틀을 잘 유지할 수만 있어도 다행이겠다 싶은 느낌이 들 정도로 현실은 고달팠다. 특히 채플에 들어가면, 화장하고 김밥 먹고, 혹은 음료수를 마시거나 핸드폰 문자 놀이를 하거나, 또는 모자를 푹 눌러쓰고 잠을 청하는 학생들이 나를 기다리고 있었다. 채플에서 만난 젊은이들의 반(反)기독교적 정서는 날이 갈수록 심해지고 있었다. 그런 젊은이들 앞에서 나는 저절로 겸손해질 수밖에 없었다.

그러나 "하나님 앞에서 이웃과 더불어 드리는 예배"라는 명제를 예배학 수업 시간마다 강조하는 나이기에, 그런 젊은이들과 소통하고 싶다는 염원이 일었다. '귀차니즘'으로 무장하고 냉소적

자세로 그저 시간만 때우려고 들어오는 젊은이들과 함께 드리는 채플, 그 안에서 어떤 기도를 드려야 하나, 고심할 수밖에 없었다.

이들 중 몇 명이나 나의 기도에 귀를 기울일까?

이들 중 몇 명이나 나와 같은 마음으로 기도할까?

이화여대의 대강당은 이천팔백 석이다. 채플마다 이천팔백 명의 젊은이들이 들어와 앉아 있다. 대강당 2층 저 구석 자리에 다리를 꼬고 마음을 닫은 채 앉아 있는 학생에게까지 나의 기도가 전달되기를 바라는 마음으로 기도를 적었다. 그렇게 기도로 저들과 소통하고 싶었다. 나의 기도를 통해 내 후배들이 절대자와 대면할 수 있기를 기대했다.

평생교육원, 여러 특수대학원, 학술대회, 기념식, 동창회 등의 자리에도 참석하여 기도해야 했다. 기독교적 정체성을 계승 발전시켜 나가기 위해 학교의 모든 공식 행사를 기도로 시작하는 모교의 전통을 지키는 것이 교목에게 주어진 임무의 하나였기 때문이다. 그렇다. 기독교대학의 교목은 의례수행전문가로서 주어진 순간마다 기독교적 의미를 부여해야만 한다.

앞으로도 채플과 행사들은 계속될 것이며, 여기 모아 놓은 기도문을 그대로 들고 다시 기도해도 무방할 것이다. 게다가 기도의 반복이 의미를 강화시켜 줄 수도 있을 것이다. 그러나 그럴 경우, 머지않아 기도하는 나 자신부터 무덤덤해질 것이다. 그 점이 두려웠다. 거기에 내가 만들어 놓은 작은 결과물들에 만족하며 타성에 젖고 싶지 않다는 생각도 강했다. 하여 교목과 교수로 일하기 시작한 이후 처음으로 얻은 연구년에 지난 9년 동안 참 보기 드문 아름다운 사람들이 되기를 꿈꾸며 드렸던 기도문들을 공개하기로 마음먹었다. 이렇게 공개해 놓고 나면 나 자신부터 또다시 새로운 언어로 기도해야만 하고, 그 과정을 통해 이전과는 다른 내 자신의 신앙 지평을 새롭게 열어갈 수 있으리라.

기도문을 책으로 내면서, 그동안 이런저런 행사에 다니며 기도가 생뚱맞게 느껴질 정도의 낯선 비(非)종교적 분위기에서, 심지어 교목의 등장이 축제의 자리에 찬물을 끼얹는 것 같은 세속적인 분위기에서, 진심의 기도를 바쳤던 나, 때로 스스로 초라하게 느꼈던 나 자신을 격려해 주고 싶다. 이 기도문이 나와 비슷한 처지에서 비슷한 심경에 처해본 적이 있는 기독교대학의 교목들에게 작은 위로가 된다면 큰 기쁨이겠다.

콩나물시루에 물 붓듯 드린 이 작은 기도가 응답되기를 바란다.

안선희